行動特性とは

理論と実践

行動特性研究所
星 洋
Hoshi Hiroshi

Behavior Traits

文眞堂

序　行動特性とは何か

人間は生きている限り何らかの行動をします。行動をしなくなった状態が死だとも言えます。ここで言う行動とは広い意味でのすべての行動を指し、言動や表情、及び、血流やホルモン分泌などの身体の内部の活動も含んでいます。同じ状況にいても人はそれぞれ独自の異なった行動をします。行動は無限にありますが一瞬一瞬に行えるのは1つだけです。何故その行動をしたのか、あるいは、せざるをえなかったのか、それに回答を提供するのが行動特性です。

行動特性とは一定の環境において高頻度で出現する一連の行動で、単発的な動作（action）ではなくひとまとまりの連続した動作と長さをもった行動（behavior）です。行動には意識的で意図的な行動と意識せずに何気なく行っている行動の2種類があります。現在の脳神経科学では行動のほとんどは無意識的な行動であり意識的な行動は全体の数％もないと言われています。無意識的な行動とは習慣化された行動で、意識せずに行われる自動行動です。食事の仕方、学校やオフィスへの通学や通勤、日常会話などのほとんどは自動行動です。20歳であれば20年間で習慣化された行動が、30歳であれば30年間で作り上げてきた行動が自動行動となります。第4章で触れますが、行動は情動や感情や認識を起因として出現するもので、習慣化されているのは行動だけではなく感情や思考も無意識のうちに形成されています。そのため、行動を探求していくと情動や感情や思考の傾向が現れてきます。心は感情や思考の総体でそれは行動として表現されます。本書は行動特性という視点から「見えない心」の「見える化」を探索したものです。

意識的行動と無意識的な自動行動の違いを理解することで、自己の習慣化された行動を変化させることが可能になります。意識的に新しい行動にチャレンジして、そのチャレンジした新しい行動が習慣化されると、それが新たな習慣を形成します。「雲が雨を作り雨が雲を作るように、環境は人を作り人は環境を作る」[1]ように、習慣が新たな習慣を生み出します。新しい習慣を身につけることが学習であり、その結果が能力の向上として現れます。能力は行動の変化によって向上していきます。能力と性格との相関は低く、能力と行動には高い相関関係があることが多くの研究によって確認されています。例えば、『プレゼンテーション力』という能力は外向性や内向性という性格との相関は少なく、『人と関わる行動、目的の達成を優先する行動、感情や意思を発する行動、思ったことをすぐに行う迅速的な行動』などで構成されています。能力の向上はそれを構成している行動を変化させることで達成できます。行動特性は能力と行動の相関を示す指標にもなりますから、学習効果を高めるために自己の行動特性の理解は有効な手段となります。

行動特性は行動という見えるもので構成されていますから客観的な測定ができ、数値指標として現すことが可能です。性格や人格は心理学上で研究者が考えた構成概念ですので見える化ができず、それゆえ研究者により定義がバラつき、客観的で共通の尺度がありません。心という見えないものを性格という見えないもので測定しても、その数値は研究者が設定した概念を現しているに留まります。量子力学は見えないものを見える原子や素粒子で測定し、生命・生物学は見えないものを見えるDNAで測定することで客観的な共通指標となり発展してきました。人の心（感情、情動、思いの総体）を研究する際にも同様なアプローチが必要です。人の心は見えません。見えない心を見える行動で測ることで客観的なオープン指標とすることが可能です。

哲学とは知を追究することであり心理学とは心を理解しようとするものです。見えない心を見ようとして心理テストが生まれ、心のありかを探ろうとして意識の探求が始まり、心の現れ方を理解しようとして性格やパーソナリティなどの概念が作られました。バートランド・ラッセル（Bertrand Arthur William Russell）は「哲学とは人生や世界に関する様々な考えであり、すべての明確な知識は科学に属している。人間生活の諸環境は人間の哲学を決定する上に大きな力を及ぼすが、またその逆に、人間の哲学はその環境を決定する上に大きな力を及ぼすものである。また哲学という言葉は心理学に置き換えることも可能である」[2]と述べています。本書は行動を通して心を研究しています。

見えない心を見ることにはどんな意味があるのでしょうか。『サンタクロースはいるんだ（Yes, Virginia, There is a Santa Claus)』というニューヨーク・サン新聞の有名な社説を紹介します[3]。

「こんにちは、新聞のおじさん。わたしは8歳の女の子です。じつは、友だちが、サンタクロースはいないと言うのです。パパは、分からないことがあったらサン新聞に、というので、ほんとうのことをおしえてください。サンタクロースはいるのですか？　ヴァージニア・オハンロン（Virginia O'Hanlon）より。」

「ヴァージニア、それは友だちのほうが間違ってるよ。きっと、何でも疑いたがる年頃で、見たことがないと信じられないんだね。自分の分かることだけが全部だと思ってるんだろう。でもね、ヴァージニア、大人でも子供でも、何もかも分かるわけじゃない。この広い宇宙では、人間って小さな小さなものなんだ。ぼくたちには、この世界のほんの少しのことしか分からないし、ほんとのことを全部分かろうとするには、まだまだなんだ。じつはね、ヴァージニア、サンタクロースはいるんだ。愛とか思いやりとか労わりとかがちゃんとあるように、サンタクロースもちゃんといるし、そういうものが溢れているおかげで、ひとの毎日は、癒されたり、うるおったりする。もしサンタクロースがいなかったら、ものすごく寂しい世の中になってしまう。ヴァージニアみたいな子がこの世にいなくなるくらいものすごく寂しいことなんだ。

　サンタクロースがいないってことは、子どもの素直な心も、作り事を楽しむ心も、ひとを好きって思う心も、みんな無いってことになる。見たり聞いたり触ったりすることでしか楽しめなくなるし、世界をいつも温かくしてくれる子供たちの輝きも、消えてなくなってしまうだろう。サンタクロースがいないなんて言うのなら、妖精もいないと言うんだろうね。だったら、パパに頼んで、クリスマスイブの日、煙突という煙突全部を見張らせて、サンタクロースを待ち伏せしてごらん。サンタクロースが入ってくるのが見られずに終わっても、なんにも変わらない。そもそも、サンタクロースはひとの目に見えないものだし、それでサンタクロースがいないってことにもならない。ほんとの本当っていうのは、子どもにも大人にも、だれの目にも見えないものなんだよ。妖精が原っぱで遊んでいるところ、だれか見たひとっているかな？　うん、いないよね、でもそれで、無いって決まるわけじゃない。世界でだれも見たことがない、見ることができないフシギなことって、だれにもはっきりとはつかめないんだ。あのガラガラっておもちゃ、中を開ければ、玉が音を鳴らしてるってことが分かるよね。でも目に見えない世界には、どんなに力があっても、どれだけタバになって掛かっても、こじ開けることのできないカーテンみたいなものが掛かってるんだ。素直な心とか、あれこれたくましくすること・したもの、それから、寄り添う気持ちや、だれかを好きになる心だけが、そのカーテンを開けることができて、その向こうのすごくきれいで素敵なものを、見たり描いたりすることができる。ウソじゃないかって？　ヴァージニア、いつでもどこでも、これだけは本当のことなんだよ。サンタクロースはいない？　いいや、今このときも、これからもずっといる。ヴァージニア、何千年、いや、あと十万年たっても、サンタクロースはいつまでも、子どもたちの心をワクワクさせてくれると思うよ。

ニューヨーク・サン紙社説／担当：フランシス・ファーセラチャーチ」

春の夕暮れ、霞が立ちのぼり次第次第に薄青さが濃くなり闇に暮れていき、おぼろ月夜に変わっていく時期があります。春のこの時期はかわたれ時といい『彼は誰？』と問いかける時期です。秋にはたそがれ時と呼ばれる時もあり、すれ違う人が誰が誰だか判別できない夕暮れで『誰（だれ）は彼（かれ）？』と問いかける時期です。行きかう人がどこかの誰かに似ているような違うような、誰が誰だか解らない季節です。心のような見えないものを追求するためには見えるものと見えないものの両方が必要です。行動には光と影があり、光が当たっている単発の action だけ見ていてもその人の心はつかめません。春の宵に光が闇に包まれて、形あるものが夜に溶けて背景と一体化していくように、現れた行動の背後には、それを起因させている情動や感情や認知があります。梶井基次郎の闇の絵巻、ヘルマン・ヘッセのペーター・カーチメント、ゴーゴリの鼻、ゾロアスターの光と影、など影にまつわる物語がたくさんあり、影を踏むことで相手を乗っ取るという遊びもあります。そもそも人は影を見て光を意識し、光と影を見て全体をイメージします。影をとられた男のように自分自身に実感が持てなくなると影が勝手に動き出してしまいます。行動を理解するためには光が当たって目に見えている部分だけを捉えるのではなく情動や感情を含めて全体として把握することが大切です。

「本当に大事なものは隠れて見えない(4)」という歌があります。心とか価値観とか人を人たらしめている大切なものは見えません。心は行動として表現され、行動の背景には感情や思いという心の動きがあります。本書は行動を通して心の顕れ方を研究したものです。第Ⅰ部では「類型論と特性論」、及び、「性格特性と行動特性」の歴史的な研究を振り返り、心の顕れ方と把握方法を紹介します。第

Ⅱ部では行動の種類（意識的行動と無意識的な自動行動）、行動の起因、行動の形成、行動の測定（心理テスト）、行動の発揮（能力、コンピテンシー）について研究しています。行動の起因は情動や感情や意識の観点から、行動特性の形成は脳神経学の知見をベースにした習慣化の観点から、また、行動特性の把握は『行動特性診断テスト』による測定方法を紹介します。第Ⅲ部は行動特性の活用として、グローバル能力、セールス・コンサルティング能力、対人コミュニケーション能力などの能力向上研修の実例を紹介しています。能力向上の実践に興味がある方は第Ⅲ部を参考にして下さい。

目次

第Ⅰ部　心と行動

第1章　心の顕れ方と心の測定　類型論と特性論

行動分析学では行動と心の関係を次のように説明しています。「心理学とは心を取り扱う学問である。一般に『心』とは『内側にあって行動を統御するもの』という捉え方で行動を説明する道具として使われている。心を行動の原因とすることにより一般的に納得感や共感を得られやすく原因と行動における因果関係や相関関係の説明がしやすくなる」[5]。行動には瞬間瞬間の動作（Action）と目的や目標の達成を指向した一連の連続した行動（Behavior）があり、行動特性とは一定の環境において繰り返し出現する一連の行動の傾向を指します。行動特性の理解により自己の行動の原因を知ることができ、未来の行動の予測が可能になります。行動の原因や予測のために多くの心理テストが作成されてきましたが、そのほとんどは性格や人格という構成概念が用いられました。しかし概念とは目に見えないものであるため客観的な共通尺度になりません。そこで『解釈』という手段がとられました。測定された値から内向的な傾向が強いとか固執的な性格であるなどと解釈されましたが、その解釈は研究者によってバラツキがありました。

見えないものを見えないもので測っても客観的な指標とはなりません。心という見えないものを構成概念という見えないもので測定してもその数値は研究者が設定した概念に適用できるだけで客観的な評価ができません。見えないものは見えるもので測ることによって共通の尺度になります。行動とは見えるものですから、見えない心を見える行動で測定することで客観化が可能になります。身体の健康度は「血圧は145/90mmHg、ＬＤＬコレステロールは145mg/dl」という測定値で示し、基準値から大きく外れていれば治療の対象となります。メンタル（mental）面での不安や鬱は目には見えないため精神科医はアセスメントにより3つの方法で見える形にして治療方針を立てます[6]。

1. 対応可能なところまで分解する
2. 客観的な値を使って測定する
3. 時間の流れを考慮する

心を行動特性で測定する場合にも上記のアプローチを用いて行います。第Ⅱ部で行動特性による数値化や分析方法を見ていきますが、その前に心理学がどのように心を測定しようとしてきたのか心理テストの歴史を振り返りながら考察します。

心理テストとはその人がどんな人なのかを現すために作成されたものであり、心という見えないものを集団との比較や心理的な特性要因により気質（temperament）や性格（character）やパーソナリティ（personality）という概念で測定しようとしてきました。気質とは生まれてすぐ現れ、長年にわたり継続する個人の性質であり遺伝的な要因が大きいとされます。性格やパーソナリティは明確な区別や定義がないままに使用されるケースが多く、一般的には「個人の感情、思考、行動の一貫したパターン。その人の諸特徴」と説明されています[7]。

パーソナリティはラテン語の「ペルソナ（Persona：仮面）」に由来しており個人の社会的な役割や外見的な自分という意味があります。心を顕す研究は大きく分けると類型論（personality typology）と特性論（Personality trait theory）の2種類の系譜があります。類型論は人を何種類かの類型（典型的な型：type）に分類して「このタイプに属する人はこういった行動をとる」と診断する方法で、そこで判定されたタイプは○○気質として表現されます。その歴史は古くローマ時代にまで遡れます。それに対して特性論は性格を形成している種々の特性の組み合わせで人物全体のプロフィールを現わそうとする方法です。人はいろいろな状況において一貫した行動の傾向があり、その傾向を特性と呼び、その特性を性格（personality）の構成単位と見なしてその人を現そうという考え方です。

人を何種類かの類型に分けて対応するという類型論はローマ時代に萌芽が見られます。ヒポクラテス・ガレノス学派（Hippocrates Galenus）は人間の身体には4種類の体液があり、その調和によって身体と精神の健康が保たれ、バランスが崩れると病気になると考え、その体液の濃さにより人を4種類に分類しました[8]。

・多血質の人：陽気な気質
・胆汁質の人：短気な気質
・粘液質の人：粘着気質
・黒胆汁質の人：憂鬱気質（＊メランコリー（憂鬱）とは metan（黒い）と chole（胆汁）を語源としています）

四体液説は身体と心の関係の研究の端緒となりました。その後、長い神学中心の中世を経て1900年代になり、神から人に焦点が移り類型論による人の研究が盛んになりました。代表的な研究者とその分類方法を見ていきます。

クレッチマー（E. Kretchmer）[9]は精神病患者やその近親者の臨床例から、人は体型により一定の特徴があることを見出し、人には分裂気質、循環（躁鬱）気質、粘着気質と3つの気質があることを主張しました。

・分裂気質「細長タイプ」：非社交的、もの静か、内気、きまじめな気質
・循環気質（躁鬱気質）「肥満タイプ」：社交的、善良、親切、温かみのある気質
・粘着気質「筋肉タイプ（闘士型）」：几帳面、凝り性、粘り強い、頑固な気質

シェルドン（W. H. Sheldon）はクレッチマーによる体型分類が精神疾患者のデータに基づいていることを批判して正常な男子を調査対象とし、胎生期の胚葉発達における部位の違いにより気質を3つに分類しました[10]。

・内胚葉気質：胎生期に消化器系統が発達し、肥満型であり、性格は「内臓緊張型（まじめ）」（クレッチマーでの躁鬱気質に相当）
・中胚葉気質：骨や筋肉が発達し、闘士型であり、性格は「身体緊張型（大胆、活動的）」（クレッチマーでの粘着気質に相当）
・外胚葉気質：神経や皮膚が発達し、細長型であり、性格は「頭脳緊張型（過敏）」（クレッチマーでの分裂気質に相当）

クレッチマーやシェルドンは身体的な特徴による分類でしたが、シュプランガー（E. Spranger）は精神の働き方により分類しました[11]。

・経済志向型（Economical intention type）
　経済性や効率性に価値をおき、利己的で実用的な行動
・理論志向型（Theoretical intention type）

論理や客観性に価値をおき、論理的な行動

・審美志向型（Aesthetic appreciation intention type）

美的なことに価値をおき、繊細かつ敏感で感覚的な行動

・宗教志向型（Religion intention type）

宗教的、神秘的なことに価値をおき、博愛的で道徳的な行動

・権力志向型（Power intention type）

権力や支配に価値をおき、他人を支配し命令する行動

・社会志向型（Social intention type）

人間関係の調和に価値をおき、協調や他者貢献の行動

クレッチマーの身体的特徴による分類に始まりシェルドンの性格類型論やシュプランガーの価値観論と類型論は発展し、ユング（C. G. Jung）の類型と機能の組み合わせによる類型論により1つの集大成を迎えました。[12] ユングは心のエネルギーの方向（リビドー（libido）の向かう方向）には外向型と内向型の2種類があり、心の機能には思考と感情からなる合理的機能と直感と感覚からなる非合理的機能の4種類があり、これらの組み合わせで人を現すことができると提唱しました。外向型とは他者や出来事への関心が強くそれらに対して心的エネルギーを向ける態度を指し、内向型とは自己への関心が強く自己の内的世界に心的エネルギーを向ける態度を指しています。心の4機能のうち、思考

表 1-1　ユングの性格分類（心のエネルギーと心の機能）

		心の機能			
		判断機能		知覚機能	
		思考型	感情型	直感型	感覚型
心のエネルギー	外向型	A	C	E	G
	内向型	B	D	F	H

出所：筆者作成。

と感情は判断機能で感覚と直観は知覚機能だとされました。「思考型」は論理的判断を優先し、「感情型」は好嫌の判断を優先します。「感覚型」は見たまま・ありのままの現実を知覚し、「直感型」は思いつきやひらめきで知覚する機能であり、人間は生まれつき最も得意とする機能、あるいは自らが社会的に成功するために最も有効な手段となるような機能を先に発達させることでタイプの違いが生じると主張しました。また、「思考と直観」は主要機能（優越機能）で意識化（分化）されている機能であり、「感情と感覚」は劣等機能で意識化されていない（未分化の）機能として位置づけしました。２種類の「心のエネルギー」と４種類の「心の機能」の組み合わせによる８つのタイプは表１―１となります。

類型論の長所は直観的で分かりやすく集団をタイプ別に比較することが容易な点にありますが、短所は何億人もの人間を数種類の類型に振り分けるため個々人の傾向が見えないことです。また一定の類型に当て嵌まらないグレーゾーンや、タイプがまたがっている混合型などが識別できないことや、個々人の性質を集団の類型として決めつけてステレオタイプ化することが挙げられます。

人を何種類かのタイプに分類しても個人の姿が見えてこないため、もっと個々の多様なパーソナリティを明確に現したいという目的で特性論が台頭しました。人には一定の状況において一貫して現れる行動の傾向があり、心理学ではその傾向を特性と呼びます。特性には行動特性や感情特性などありますが、性格特性とその組み合わせによって人を現そうとするのが性格特性論（personality trait theory）です。性格特性論の代表的な研究者と研究内容の要旨を見ていきます。

(1) オルポート（G. W. Allport）とキャッテル（R. B. Cattell）

特性論の創始者と言われるオルポートは性格について、それを構成している因子（要素）によって現そうとしました。オルポートは重要な特性は必ず言語として表現されると仮定して、辞書に掲載されている単語の中から人の性格を表現している約2万語を選び出し、類義語などを排除して４５０５語を性格特性を表す言葉であると定めました。これはオルポートの言語的人格世界と呼ばれています。この性格言語の分析を基に、個人が独自に持つ性格特性を「個人的特性」、同じ文化の中で共通性が認められる特性を「共通特性」として設定し、その組み合わせで個人の性格を現そうとしました。また、共通特性を数量化することで測定データに客観性の視点を導入して特性論の確立を目指しました[13]。

しかし、４５０５種類による性格の記述は煩雑すぎて実用性や応用性に乏しいためキャッテルは因子分析（Factor Analysis）という心理統計処理により16の因子に絞り、『16因子質問紙（Cattell Sixteen Personality Factor Questionnaire）』を作成しました。

（参考補足）キャッテルの16因子[14]

Ａ：情感（打ち解けない　―　打ち解ける）
Ｂ：知能（知的に低い　―　知的に高い）
Ｃ：衝動性（情緒不安定　―　情緒安定）
Ｅ：支配性（服従的　―　支配的）
Ｆ：自己充足（慎重　―　軽率）
Ｇ：自我強度（責任感が強い　―　弱い）
Ｈ：大胆さ（物怖じする　―　物怖じしない）
Ｊ：繊細さ（精神的に強い　―　精神的に弱い）
Ｌ：猜疑心（信じやすい　―　疑り深い）
Ｍ：空想性（現実的　―　空想的）
Ｎ：狡猾（素直　―　狡猾）
Ｏ：罪悪感（自信がある　―　自信がない）
Ｑ１：浮動的不安（保守的　―　革新的）
Ｑ２：公共心（集団的　―　個人的）
Ｑ３：抗争性（放縦的　―　自律的）
Ｑ４：不安の抑制（リラックス　―　緊張）

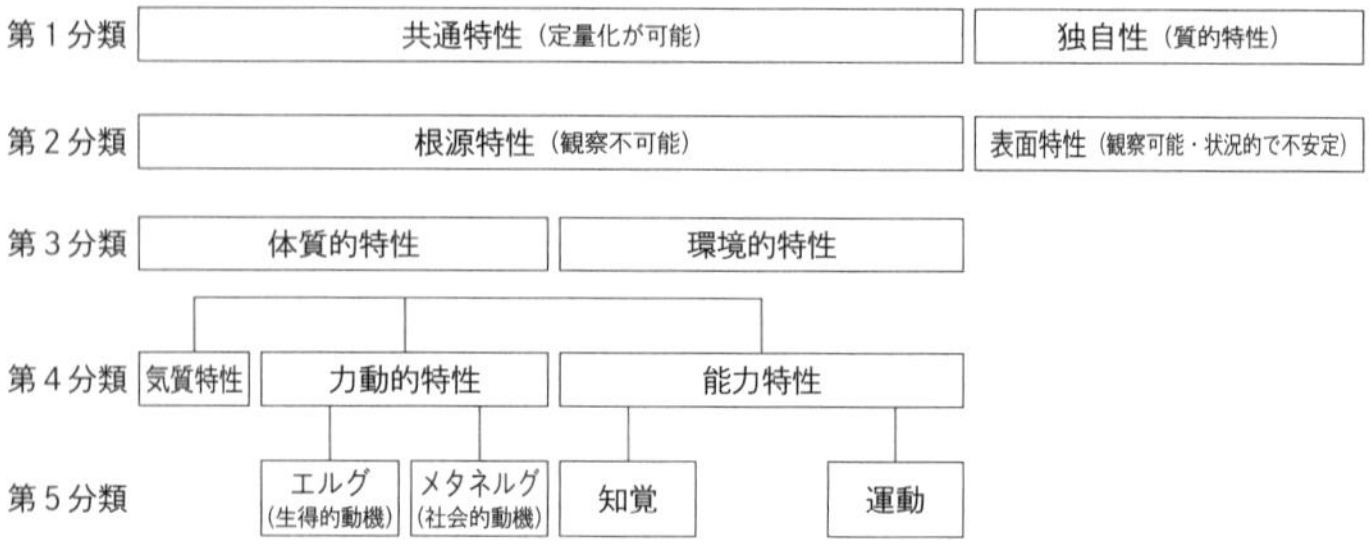

出所：筆者作成。

図1-1　キャッテルの性格分類：独自特性と共通特性

キャッテルはオルポートの提唱した「独自特性」と「共通特性」に、観察可能な「表面的特性」と観察不可能な「根源的特性」という分類を加えました。独自特性（unique trait）は数量化できない個別で固有の質的特性で、共通特性（common trait）は集団に共通している数量化できる特性で、表面的特性（surface trait）は行動・発言・動作・表情などの客観的に外部からの観察によって測定される特性で、根源的特性（source trait）は価値観・遺伝要素・環境要因などの内面的で質的特性を指しています。根源的特性は表面的特性を規定する特性だと位置づけられており、総体としての人格特徴や行動様式はこれら4つの特性の相互作用で形成されると述べました。

後年、根源的特性は生得的な遺伝要因の影響を受ける「体質特性」と後天的な成育環境の影響を強く受ける「環境形成特性」に分類され、体質特性と環境形成特性の下位には「気質特性、能力特性、力動特性」の3つが付加され、更に、力動特性には「エルグ（erg：先天的遺伝要因・気質体質的要因）」と「メタネルグ（metanerg：後天的環境要因・社会文化的因子）」があるとされて複雑になりました（図１―１参照）。

(2) アイゼンク（H. J. Eysenck）、クロニンジャー（C. R. Cloninger）、及び、Big Five-Factor Model

オルポートによって性格特性という理論が開発され、キャッテルがそれに因子分析という統計処理を導入して特性論を特性因子論へと進化させ現在の心理テスト（心理検査）の礎を築きました。アイゼンクは１万件以上のデータを因子分析して、性格には「内向性と外向性」「神経症傾向」「精神病的傾向」の３つの次元があると主張し、類型論と特性論の統合を目指しました。更に、精神病的傾向を除いた２つの指標を一般的な性格検査の項目としてモーズレイ人格目録ＭＰＩ（Mausely Personality Inventory）を作成しました[15]。内向性は控えめで人と距離を置き、外向性は社交的で生き生きとしており支配的という特徴があると診断され、神経症傾向は気分が安定か不安定かを表わす指標として使用されています。

・内向性：持続性、硬さ、主観性、羞恥心、易感性
・外向性：活動性、社交性、冒険性、衝動性、表出性、反省の欠如、責任感の欠如
・神経症傾向：自尊心の低さ、不幸感、強迫性、自律性の欠如、心気性、罪悪感

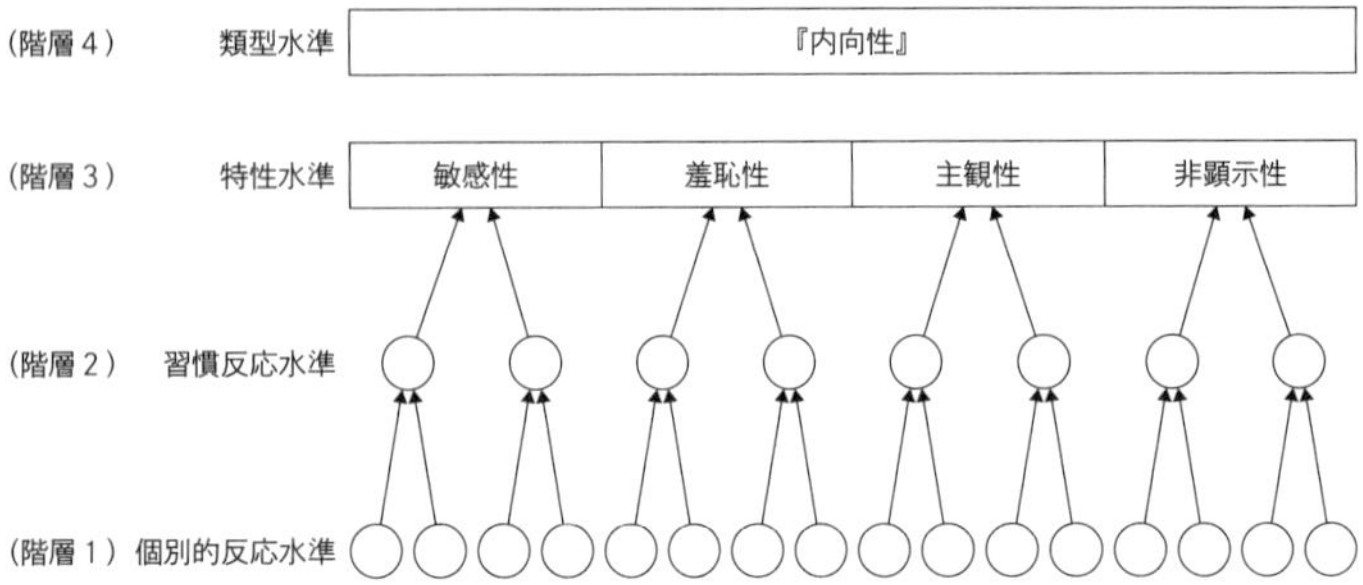

出所：筆者作成。

図 1-2　アイゼンクの性格特性４階層

　また、因子分析により内向性、外向性、及び、神経症傾向を『類型水準』と設定し、その下位に『特性水準』を設け、更に、特性水準の下位に『習慣的反応水準』を、またその下位に『個別的反応水準』を設けて４つの階層により性格を現わすことができると考えました（図１―２）。

（４つの階層）

階層１　「個別的（特殊）反応水準」：日常場面に見られる様々な反応や行動

階層２　「習慣反応水準」：様々な状況において繰り返し常習的に現れる反応や行動

階層３　「特性水準」：様々な習慣的反応の相関関係の背景に想定される因子

階層４　「類型水準」：様々な特性の相関関係の背景に想定される高次の因子

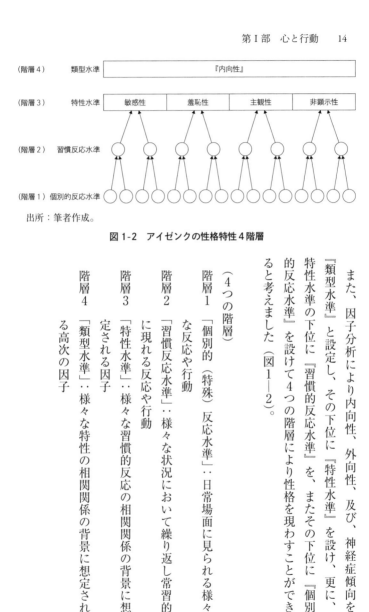

（補足）現在は、脳神経学的には内向性と外向性は大脳皮質の興奮のしやすさが反映され、神経症傾向は自律神経の安定性が反映されると考えられています。

アイゼンクはパーソナリティとは遺伝と環境によって決定される行動パターンの総体であり環境に対する独自の行動様式であると考えましたが、クロニンジャーは生理学的な遺伝的要因の研究を深め、脳内主要ホルモンであるドーパミン（dopamine）、セロトニン（serotonin）、ノルエピネフリン（norepinephrine）は性格に強い影響を与えるという脳神経学の知見を基に、４つの気質と３つの性格によりパーソナリティを現そうと考え、気質と性格を『ＴＣＩ（Temperament Character Inventory）』[16]で測定する心理テストを開発しました。

・４つの気質（Temperament）
　Temperament Novelty Seeking（新奇探求）：ドーパミンとの関係
　Harm Avoidance（危険回避）：セロトニンと関係
　Reward Dependence（報酬依存）：セロトニン・ノルエピネフリンと関係
　Persistence（固執）：セロトニンと関係
・３つの性格（character）
　Self Directedness（自己志向）

Cooperativeness（協調性）
Self Transcendence（自己超越）

因子分析等の心理統計手法により様々な性格特性が抽出されて多くの心理テストが発表され、研究者の数だけ心理テストが乱立するようになりました。１９８０年代以降、普遍的で重要と思われる特性を特定しようとする動向が強くなり、ゴールドバーグ（Lewis R. Goldberg）がこれまでのパーソナリティ理論をまとめ、人が持つ様々な性格は５つの要素の組み合わせで構成されるとして「特性５因子論（Big Five-Factor Model）」による心理テストを提唱しました。

５つの因子とは神経症傾向、外向性、経験への開放性、協調性、誠実性で、「神経症傾向」は不安や緊張の強さを、「外向性」は社交性や活動性や積極性を、「経験への開放性」は知的好奇心の強さや想像力を、「協調性」は利他性や共感性を、「誠実性」は自己統制力や達成への意志を表すものです[17]。

神経症傾向（Neuroticism, N）：不安、敵意、抑うつ、自意識、衝動性、傷つきやすさ
外向性（Extraversion, E）：温かさ、群居性、断行性、活動性、刺激希求性
開放性（Openness to Experience）：空想、審美性、感情、行為、アイディア、価値
協調性（Agreeableness, A）：信頼、実直さ、利他性、応諾、慎み深さ、優しさ
誠実性（Conscientiousness, C）：コンピテンス、秩序、良心性、達成追求、自己鍛錬

当初、ビッグファイブは神経症傾向を測定するための質問紙尺度である「GHQ（General Health Questionnaire)」として使用されましたが、様々な研究からビッグファイブというこの5つの特性は文化差や民族差を越えた普遍性を持つものと見なされ注目されました。しかし、特性5因子論は因子が5つあるということが共通しているだけで因子の名称や内容が統一されているわけではありません。例えば、辻平次郎の5因子は「外向性、受容性、勤勉性、情緒不安定性、遊戯性」ですが、柏木らの5因子は「外向性、同調性、誠実性、情緒不安定性、知性」というように違いがあります[18]。

性格特性論はオルポートやキャッテル等により形成され、アイゼンクが性格は個別反応と習慣的反応が起因となっていることを示唆し、クロニンジャーにより脳神経科学の知見の活用が示されました。本書の主題である行動特性も特性論で培われた因子分析の手法で因子を抽出しています。また、行動特性とは習慣化された行動でありそれが個々の行動として現れるものですから、アイゼンクの習慣的反応と個別反応理論が先行研究となります。更に、行動は情動や感情を起因としており、情動や感情は脳内ホルモンの強い影響下にありますからクロニンジャーの研究もベースになっています。このように行動特性の研究は性格特性論の研究を踏まえていますが、相違点は特性要因を行動という客観的に見えるものを対象にしていることで、性格という見えない構成概念を使用していない点にあります。見えない構成概念は研究者の定義した範疇に留まり、定義が変われば測定値も変わります。しかし、見えるもので測定した場合はその尺度は客観性を持ちオープンな議論を可能にします。

第2章　行動と性格　パーソナリティの一貫性と持続性

類型論と特性論の代表的な理論を振り返ってきましたが、それぞれの主テーマである「性格」に関して検討します。類型論は何種類かの類型に個人を当てはめて分類する方法ですので集団の比較には向いていますが個々の分析には向いていません。それに対して特性論は性格特性の使用により個々人の測定を可能にしました。また因子分析等の心理統計方法により測定項目を数値化することで測定値に客観性を付与しました。

類型論も特性論も暗黙裡に「人にはその個人を特徴づける持続的で一貫した行動、思考、感情、認知のパターンがある」ことを前提としており、それを気質、人格、性格と名づけました。類型論では気質という概念が使用され、特性論はパーソナリティやキャラクターという概念が使用されるケースが多く見られます。気質は生まれてすぐ現れ遺伝的な要因が大きいと見なされています。パーソナリティはラテン語のペルソナ（persona：仮面）に由来しており「個人の素質と環境との相互作用から形成され、人間の行動を規定するもの[19]」であり、個人の外見や社会的な役割も含めて使用されています。キャラクターはギリシア語の kharakter（刻み込まれたもの、彫りつけられたもの）から由来していますが、一般的にはパーソナリティとほぼ同義に用いられています[20]。ブリタニカ国際大百科事典では「キャラクターとは人間の行動の背景にあって、個人に特徴的な行動様式や考え方などを規定している持続的な態度の系をいう。パーソナリティや気質という言葉もほとんど同じ意味で用いられるが、パーソナリティと違って性格は知的側面を含まず、動機づけや方向づけに関連する意欲的側面をさす。また気質と違って必ずしも体質的な関連や生得的な傾向を強調せず、文化的、社会的条件への適応とも関連して、学習によって多少とも後天的な変化があるものとされる」と記載されています[21]。本書では類型論においては気質（temperament）を、特性論においては性格（personality）という用語を使用します。

特性論では気質は質の問題でパーソナリティや性格は各特性の量の違いであると主張されます。しかし、キャッテルの「16因子質問紙」、アイゼンクの「ＭＰＩ」、クロニンジャーの「7次元モデル」を見ても解るようにパーソナリティや性格に統一的な定義はありません。研究者の数だけ特性があり、設定された特性の種類に応じてそれを測定するための心理テストが生み出されました。また、パーソナリティや性格といった広義の概念の曖昧さを避けて、不安尺度や依存尺度などと特性を部分的に限定して整合性を求めようとする傾向が生じました。対象とする特性を限定しそれに関する心理テストを作成し、多変量解析（statistical multivariate analysis）などの心理統計学の数理処理を施して、構成要素（因子）の量的データで特性を理解しようとする方法です。このような特性因子論に基づいた局所的な心理テストは科学的な方法で作成されており、治療などを目的とした診断を補助するアセスメントとしては有効ですが、その人がどんな人なのかという人の全体像を現すことには向きません。人は総体的な生き物であり部分的な寄せ集めでは理解できないものです。

性格特性診断における混乱の原因はパーソナリティや性格という構成概念で人の心を測ろうとすることにあります。定義が曖昧なものを精確に測ることはできません。いくら因子分析を繰り返して個々の特性を細かく数量化しても何を測っているのかその測定対象が明確でなければ手段だけの厳密さで終わってしまいます。構成概念とは研究者によって理論構築されたものですから研究者が千人いればその定義も千通りになってしまいます。パーソナリティや性格の定義が未だに定まらないのは主にこの理由からです。科学的方法によって測定された数値を客観的に比較するためには共通の尺度が必要です。共通の尺度になるためには概念という目に見えないものではなく、実証検分を可能にする見えるものが必要です。気質、人格、性格というのは構成概念であり見えるものではありません。見えないものを見えないもので測っても客観的な比較ができません。距離という見えないものをメートルとかセンチという見えるもので測ることで、時間という見えないものを秒（セシウム原子時計）で見える化することで、測定された数値が客観性を持ち科学的に共通の尺度となり得るのです。心という見えないものを性格という見えないもので測ってもその数値は共通尺度としては使用できません。第6章で紹介しますがバウムテスト（Baum test）やロールシャッハ（Rorschach test）などの投影法・心理テストはこのもっとも顕著な例で、何をどのように読み取るかは研究者によって異なり、共通の明確な尺度がなく、それゆえ、研究者それぞれの独自の『解釈』に委ねられてしまいます。それに対して行動特性は観察可能な行動を測定のベースにしていますから客観性が担保できます。心という見えないものを行動という見えるもので測ることにより、その測定数値を客観的に比較することを可能にします。

性格の一貫性に関して

パーソナリティや性格等の構成概念の多義性や不透明さを巡っては「一貫性論争（Personality Consistency Debate）」と呼ばれた論争がありました。その要点を振り返ります。前述したオルポートは「パーソナリティには時を超えて一貫した行動をとらせる多かれ少なかれ安定した内的要因がある[22]」としてパーソナリティの一貫性を主張し、性格特性論の多くの研究者もパーソナリティの持続性や一貫性を前提とした研究をしていました。渡邊芳之らは一貫性には次の4つの前提があると述べています[23]。

1. パーソナリティは行動の原因である
2. パーソナリティは経時的に安定している
3. パーソナリティは通状況的に安定している
4. パーソナリティは内的な要因である

これに対してミッシェル（W. Miscel）は下記の4点からパーソナリティの通状況的一貫性への批判を行いました[24]。

(a)　一貫性への疑問：
認知的な知的能力を除けば人間の行動の長期にわたる安定性や状況を通じての一貫性を示す証拠はほとんど無い

(b)　特性の内的存在論への疑問：
安定したパーソナリティ特性の指標とされる行動は実際には環境条件に依存しているので伝統的なパーソナリティの内的属性理論は疑わしい

(c)　パーソナリティ・テストの予測性への疑問：
伝統的なパーソナリティ理論に基づく評価技法（質問紙法や投影法）は特定の状況における行動の予測には限界がある

(d)　パーソナリティ特性への疑問：
パーソナリティを現す用語は研究者や一般の人が外界を系統的に捉えるために使用する記述的カテゴリーを表すものであり実際の行動的法則性や内的構造を反映するものではない

渡邊芳之らはこの一貫性問題をパーソナリティの『視点と時間』という観点から論点を整理してい

ます。(前述、注23)

（A）「パーソナリティを見る視点」の混乱

一人称的視点からパーソナリティを見る場合、対象となるのは「私の個性」であり、通状況的一貫性の問題はいわゆる「自己同一性（identity）」の問題となる。これは客観的に検証不能な形而上学的問題であり、客観的・実証的分析以前の超越的事実である。

二人称や三人称の視点で対象となるのは「相手の個性」であり、相手の行動の観察から帰納法的に導かれた規則性の認識に基づいている。したがって、このパーソナリティは環境与件などの先行条件が変化したときの一貫性は論理的には保証されない。

（B）「パーソナリティを見る時間」の混乱

一人称的にパーソナリティを見る場合、その対象は自分自身であり、記憶がある限り生まれてからのあらゆる情報が利用可能である。しかし、二人称的・三人称的には、ある特定の時間における観察を基準にしなければならない。したがって、三人称的視点からパーソナリティを考える場合、観察時点より前、あるいは観察時点の間の対象の行動や経験をどこに位置づけるかによってパーソナリティの通状況的一貫性に対する見方は大きく変わってくる。個人差が内的要因によって生じているのか、過去の状況的要因によって生じているのか、観察できないその場の状況要因によって生じているのか、これを観察データ自体から判断することは原理的に不可能である。

（C）人間は一人称的には自己同一性という形でパーソナリティの通状況的一貫性を認識し、二人称的・三人称的には状況の変化に応じて行動を変化させることによって適応していく、という二面性がある。問題は与えられるデータを解釈するときにそのデータに適した手法を用いることである。

パーソナリティや性格が時間的に一貫しているかどうかが主題であった一貫性論争はパーソナリティによる行動の原因論や行動予測の妥当性にテーマを移して議論が続けられましたが、結局は結論がなく曖昧なままに放置されました。一貫性議論が深化しない主要因はパーソナリティや性格そのものが曖昧な概念であるためだと思われます。先述したようにそもそもパーソナリティや性格は人を理解するために使用される用語で、それを用いて心を顕そうとして各種の性格心理テストが作成されました。しかし心理テストで現れてくるのはその研究者が作成した性格概念の数値です。性格概念とは研究者の考えた構成概念で、見えるものではないため共通性や統一性がありません。異なる構成概念で作成されたテストでは異なる数値が出てきます。せっかく、科学的な統計手法を用いて特性因子を抽出しても測定対象が抽象的であれば結果の解釈も抽象的になってしまいます。心という見えないものを測定するには見えない構成概念ではなく、見えるもので測ることで客観的な共通性を確保することができます。性格という人為的に構成された概念を用いず、現実に出現している行動そのものを用いて人を現そうとするのが行動特性の方法です。

そもそもパーソナリティや性格は行動と深い関係を持っています。アイゼンクは「性格とは遺伝と環境によって左右される生物の行動パターンの集結である」と述べ、ミッシェルは「性格とは、個人がいかに人生の出来事に適応するかを特徴付ける、典型的な行動パターン（感情と思考を含む）である」と述べています。最新心理学事典にも「性格とは個人を特徴づける持続的で一貫した行動様式である」と記載されています[25]。パーソナリティや性格には統一した定義はありませんが多くの研究者は「人は似たような状況では似たような行動をとる、そこに特定のパターンがあるに違いない」という共通した前提で考え、性格の具体的な現れ方を説明するときには動詞を使用しています。

性格は形容詞や副詞や形容助動詞で描写され、形容詞は主に名詞を修飾する言葉であり副詞や形容助動詞は主に動詞を描写する言葉です。概念上で人の性格を表そうとするときには修飾語で「名詞としての人」を表現し、現実に具体的に人を表そうとするときには副詞や形容動詞で「活動する人」を表現します。パーソナリティはペルソナ（仮面）が由来しており、語源からして性格特性は自分をどのように飾り立てるかという修飾語を分析するアプローチでの研究となっています。形容詞や副詞などの修飾語は観察者の主観に左右されますがそこに動詞を交えることで客観性を帯びてきます。しかし、行動を集めてきて「優しい、明るい、厳格な、穏やかな」という修飾語のレッテルを貼っても人は常にそのレッテル通りの行動をするわけではありません。家庭とか職場のように持続的で一定の状況下においては貼られたレッテルの行動が出現しますが、異なった状況や異なった人間関係においては異なった修飾語の行動が取られます。人を修飾語で現そうとするのではなく行動そのもので現そうとすることが重要です。なぜなら修飾語は主観的なイメージですが行動は動詞なので見ることができ観察できるからです。

　人間は考える葦ではなく考えて動く動物です。意識や無意識により指向されたものが行動として表現されます。それを単発のアクションとして見るのではなく一連の行動傾向として観察することで総体としての人が見えてきます。人間とは部分的なものではなく総体的な生きものです。赤血球や血小板の数や尿酸値やコレステロールの値を個別に調べても人の健康状態は分かりません。人にはホメオスタシス（Homeostasis）という身体全体の恒常性を維持する機能があり、環境の変化にかかわらず体温や血糖や免疫などの身体状態を一定に保っています。バイタルの数値を個別に見て集団平均と比較した健康度ではなく、恒常性の観点から総合的に見ることにより個々人に適した健康度を的確に判断できます。行動は反射（reflex）、動作・行為（action）、行動（behavior）と一般的に3種類に分けられますが、本書では反射とは脳幹脊髄系による生理学的な反応であり、動作（action）とは単発的な外部環境に刺激されて表出された行為であり、行動とはアクションを含めた一定の様式をもった一連の動作である、として使い分けをしています。また行動の傾向を行動特性（behavior traits）と呼んでいます。

（参考補足）「行動」の用語分類
「行為（action）とは動作そのものであり、行動（behavior）とは行動の様子や振る舞い方を指す」という解説や「意図せずに行う動作がactionであり、意図的な動作はconductである」という解説書もあります。行動という用語は下記の観点からの使い分けが考えられます。

① 生理学の観点：「神経系の反応としての動作か、意思や感情が含まれる動作か」
② 身体の局所性の観点：「身体のある一部分を用いる局所的な動作か、全身的な動作か」
③ 様式性の観点：「個々の動作そのものか、動作とその様式や振る舞い方を含めるか」
④ 結果性の観点：「個々の動作そのものだけか、行為の結果を含めた動作を指すか」
⑤ 意図性の観点：「意図（意志）に基づく動作か、意図（意志）の有無が関与しない動作か」
⑥ 能動性の観点：「個体の能動的主体的な動作か、受動的反応的な動作か」
⑦ 社会性の観点：「個体としての動作か、社会・集団における社会的意味を持つ動作か」

本書では、①の観点から「神経系の反応」を反射、③の観点の「個々の動作そのもの」を動作と呼び、「動作とその様式や振る舞い方を含めるもの」を行動として使用します。また、②及び、④～⑦はアクションにもビヘイビアにも共通するものとして取り扱っています。

行動特性とは実用日本語表現辞典では「特徴的な行動のパターン、多くは優れた成果を生み出すための行動を指す[26]」と記載されています。丁寧に述べると行動特性とは情動、感情、及び、思考を基にして現れる一連の行動傾向です。人間は生きているかぎりなんらかの行動をしています。行動は心が表現されたもの、すなわち、心の現象です。行動特性という観点により心を把握しようとするメリットは3つあります。1つ目は行動に含まれている情動や感情や認識の傾向を現すことができ、自己分析や他者分析が深まること、2つ目は行動変化の観察により変化や成長の連続性を理解できること、3つ目は行動と緊密な関係にある能力の理解とその向上に役立つことです。

人間の行動は昨日と今日、今月と来月、今年と来年で変化します。一般的な性格特性テストは性格は変化しないという一貫性理論に準拠して作成されていますから理論的に変化の測定はできませんが、行動特性テストは変化する行動を測定対象としますから6カ月後、1年後、2年後の変化を継続的に測定でき、変化や成長の軌跡を観察することが可能です。

また、人はいろいろな能力を発揮して社会生活をしています。能力は性格との相関が低く行動との相関が高いことは学習心理学や脳神経科学の研究者に広く認められています。能力とは「一連の行動の組み合わせ」により発揮される働きですので、一連の行動である行動特性の理解により個性に適した能力向上のアプローチが選択できます。第Ⅲ部で能力向上に関しての具体的な取り組み事例を紹介します。

第Ⅱ部　行動特性

第3章　行動の種類　意識的な行動と無意識的な自動行動

行動は情動や感情を起因として生じ、行動を分析するとその人の情動や感情が見えてきます。情動や感情はＤＮＡに記載された遺伝的な要因と生後に獲得された生得要因があることが脳神経科学で研究されています。情動は外部環境や個体の内部環境への反応として生じ、情動が意識化されると感情となります。文明が文化を作り文化が風習や風俗を生み出すように情動が感情を作り行動として顕現し、顕現した行動が習慣化されて行動特性となります。

心理学者のリチャード・ワイズマン（Richard Wiseman）は「何かになりたいなら、そのように行動すればよい」と述べています。これは「As if の法則」と呼ばれ、例えば「幸せになるには、笑えばいい」という方法です。リチャード・ワイズマンは「幸福感を高めるためには何をすればよいか」という実験で、２万６千人の対象者を「自分が幸せだと考える」「感謝の気持ちを持つようにする」「幸せな記憶をよみがえらせる」「毎日数秒ずつ笑う」という4グループに分けて実験をしました。1週間後に各グループの結果を振り返ったところ「毎日数秒ずつ笑う」グループが最も幸福度を高めるということが解り、「人は幸せだから笑うのではなく、笑うから幸せになる」ことを裏付けました。(27)

意識的な行動が感情や認知を変化させるという実証実験です。

行動には意識的で意図的な行動と無意識的な自動行動の2種類があります。日常のほとんどの行動は無意識的な自動的な行動で、意識的な行動はごく僅かしかありません。神経科学者のクリストフ・コッホ（Christof Koch）は「毎日の生活を彩る出来事の非常に多くが意識の外で起こっている。私の脳の内部で起こっている処理のほとんどが、私の意識にのぼらないというのは、非常に興味深い観察事実だ。振り返って見ると私の人生の大部分が無意識に行われていたものだったことに気づかされる。私はいろいろなことをしてきたし今もする。運転したり、会話したり、ジムに行ったり、料理をしたりといった複雑な行動を取る。このような行動を特に考えることもなく自動的に行っている。今誰かと会話するときの自分を振り返ってみよう。文法的に正しい文章があなたの口から次々と繰り出されているのに気づくことだろう。だが、あなたの脳の『何が』『どのように』適切な構文を使ってその文章を作り出したかについてはまったく知る由もない。脳はこの問題をうまく取り計らってあなた自身が意識的に努力しなくてもよいようにしている。…我々は普段身のまわりに起こる多くのことを気に留めていない。通常、注意を向けたのもが意識されるということだ。注意を向けていないものは、ほとんど意識されていないと言ってよい。」と語っています[28]。

ダニエル・カーネマン（Daniel Kerneman）は脳の意思決定プロセスには直感的で無意識なシステムと意識的で思考的なシステムの2つのシステムがあると述べています。「私は脳の中の二つのシステムをシステム1とシステム2と呼ぶことにしたい。システム1は自動的に高速で働き努力はまったく不要か必要であってもわずかである。また、自分のほうからコントロールしている感覚は一切ない。システム２は複雑な計算などで頭を使わなければできない困難な知的活動にしかるべき注意を割り当てる。システム２の働きは選択、集中などの主観的経験と関連づけられることが多い。自分自身について考えるとき、私たちはシステム２を使い、自分の考えを持って自ら選択し、何を考えどう行動するかを自分で決める意識的で論理的な自分を認識する。システム１は何の努力もせずに印象や感覚を生み出し、この印象や感覚がシステム２の形成する明確な意見や選択の重要な材料となる。システム１の自動運転が生み出すアイディアのパターンは驚くほど複雑だ。だが、一連の段階を踏み順序立てて考えを練り上げられるのはスピードの遅いシステム２だけである。システム２はシステム１の自由奔放な衝動や連想を支配したり退けたりすることもできる[29]」。

システム１の例としては次のことが挙げられています。

- ２つの物体のどちらが遠くにあるかを見て取る。
- 突然聞こえた音の方向を感知する。
- 声を聞いて敵意を感じとる。
- ２＋２の答を言う。
- 大きな看板に書かれた言葉を読む。
- 空いた道路で車を運転する。

・簡単な文章を理解する。

これらの例のようにシステム1は単に狭義の本能的な行動や反射行動だけを指すのではなく習慣化された行動が含まれています。「先ほど列挙した活動の多くは、完全に自動的に行われる。自分の国の言葉で書かれた簡単な文章はどうしたって理解してしまうし、大きな音が突然聞こえたらだいたいの方角はわかってしまう。『2＋2＝4』を知らずにいることも、フランスの首都を訊かれて『パリ』を連想せずにいることも不可能だ。このほかの活動、たとえばものを噛むといったことは自分でコントロールする余地があるものの、通常はいわば自動操縦モードで行われる。注意力の制御は、2つのシステムが共有している。大きな音のした方角を向くのは、通常はシステム1が無自覚のうちに働くからだが、それはただちにシステム2の意識的な注意力を呼び覚ます。混雑したパーティー会場で誰かが大声で暴言を吐いていても、そちらのほうを向く衝動を抑えることはできるかもしれない。ただし頭は動かさないとしても、あなたの注意が少なくとも瞬間的にはその声に向けられていたことはまちがいない。それでも、意図的に他の対象に向けることで注意を逸らすことができる。システム2の働きはきわめて多種多様だが共通する特徴が1つある。それは、注意力を要することである。注意が逸れてしまうとうまくいかない」。システム2の例としては下記が挙げられています。

・レースでスタートの合図に備える。

・人が大勢いるうるさい部屋の中で、特定の人物の声に耳を澄ます。
・意外な音を聞いて、何の音か記憶をたどる。
・歩く速度をいつもより速いペースに保つ。
・ある社交的な場で自分のふるまいが適切かどうか、自分で自分を監視する。
・自分の電話番号を誰かに教える。
・２種類の洗濯機を総合的に比較する。
・納税申告書を記入する。
・複雑な論旨の妥当性を確認する。

システム２はシステム１の自動化されている機能を調整する能力であり、そうしたことを一貫して行うにはある程度継続的に注意を払う努力が必要だと説明されています。「あなたは気づくだろう。『注意を払う』とよく言うが、これはまさに当を得た表現である。というのも、注意は限度額の決まった予算のようなものだからだ。この予算は様々な活動に配分できるが予算オーバーは失敗につながる。努力を要する作業の場合、多数の活動が互いに邪魔し合うという特徴があるため、同時にこなすのは難しく、ときには不可能である。たとえば混んだ道路で右折しながら17×24を計算するのはまず不可能だろう。もちろんあなたは複数のことを同時にこなせるだろう。しかしそれは、努力せずにできる簡単な活動に限られる。たとえば空いた高速道路を運転中なら同乗者とおしゃべりしてもたぶん大丈夫だろう。注意力が限られていることは誰もがある程度は気づいている。２つのシステムは相互に作用しており、システム１は印象、直感、意志、感触を絶えず生み出してはシステム２に供給する。システム２がゴーサインを出せば、印象や直感は確信に変わり、衝動は意志的な行動に変わる。万事とくに問題がない場合、つまりだいたいの場合は、システム１から送られてきた材料をシステム２は無修正かわずかな修正を加えただけで受け入れる。そこであなたは、自分の印象はおおむね正しいと信じ、自分がいいと思うとおりに行動する。システム１が困難に遭遇すると、システム２が応援に駆り出され問題解決に役立つ緻密で的確な処理を行う。システム２が動員されるのはシステム１では答を出せないような問題が生じたときである。たとえばさきほど17×24のかけ算をやったときにはあなたのシステム２が呼び出されたはずだ。また、ひどく驚いたときに注意力がどっと高まるのを感じた経験はないだろうか。これはシステム２の出番になったからである。驚きは注意を喚起しそれに集中させる。きっとあなたは目を見開き、記憶の中を探してつじつまの合った説明をつけようとすることだろう。システム２はまた、あなた自身の行動をつねに監視する任務を負っている。怒っているときに礼儀正しくふるまわせるのも、夜運転しているときに警告を発するのも、こうした監視の働きである。何か過ちが犯されようとしているときも、システム２が出てきて威力を発揮する。あなた（つまりあなたのシステム２）が考えたり行動したりすることの大半はシステム１から発している。だが、ものごとがややこしくなってくるとシステム２が主導権を握る。最後の決定権を持つのは、通常はシステム２である」。

同じように、ディヴィッド・イーグルマン（David Eagleman）も「意識が関与してくるのは予想外のことが起こったとき、次に何をするべきか考え出す必要があるときである。脳はできるかぎり自動操縦で動こうとするが、思いがけない展開のある世界ではいつもそれができるとはかぎらない。計画を立てたりシステム全体のために目標を設定することができるのは意識の役割だ」と述べています[30]。

リチャード・レスタック（Restak Richard）も脳には制御的処理と自動的処理があり、「制御的処理とは思考が逐次的に動き自分のしていることを常に自覚して他人に思考のプロセスを話すことができる働きで、自動的処理とは意識が関与せず、実行している感覚もなく他人にはうまく説明できない働きである。自動的処理にかかわる部位は後頭葉、頭頂葉、側頭葉に集中している。一方、制御的処理は主に前頭葉で実行される」と脳部位との関連で説明しています[31]。システム１や自動的処理に関してラマチャンドラン（Vilayanur Subramanian Ramachandran）は「直接に意識的な感覚が生じたり、意識的に制御したりすることなしに、機械的な決まりきった作業を行うシステムをゾンビ・システムと呼ぶ」として名著『脳の中の幽霊』で詳しく解説しています[32]。

脳科学では大脳新皮質は理性や思考や学習を司り、大脳辺縁系が無意識の領域での反射や自動行動を司ることを解明しています。大脳新皮質が辺縁系の情動や自動行動をコントロールしながら現実的な社会生活の営みを可能にします。脳は大脳皮質と脳幹とその中間の3層に分かれていて、大脳皮質は知能を、脳幹は生体の維持を、中間の脳は情動をコントロールしています。脳の中間に位置するこの部位は感覚系の大脳辺縁系と運動系の大脳基底核の諸核の合体によって構成されていて、高次統御機能（higher integrated brain function）の中枢で、心に影響する重要な機能であることが解明されてきました。扁桃核は攻撃、快楽、空腹、性欲等の情動と関係する神経核ですが、これらの情動が海馬の働きである記憶と結びつくことによって意識や認識が生じます。リチャード・レスタックは「認識とは、身のまわりで起きているすべてのことに対する知覚であり、その人の内的経験と外的経験に照らして考え、行動することのすべてである」と言っています(前述注31)。

認識をもたらす意識に関してクリストフ・コッホは「神経心理学者は、人間の行動には反射のように無意識に行われるものと、大脳によって高度に制御される必要のある複雑なものが存在することを突きとめた。脳内のニューロンがもつ特徴から意識が『出現 emergence』する。意識は脳の中での非常に複雑な相互作用から生まれてくる特殊な性質である。主観的な意識は常に何か外界に存在するものについての意識である。意識が外界の何かに向かう、この矢印のような働きのおかげで、主観者の内部にある表象が外界の何かに対し『意味』をもつことができるのだ」（前述『意識の探求』）。このように意識には指向性があり指向されたものが認識として現れます。無意識的な自動行動も意識されることにより意識的な行動となります。

行動はこの世の中でただ一回限りの不可逆的な現象であり、行動という現象は常に状況とのセットで記述されるものです。現象学では現実の出来事は意識されることにより現象として現れると考え、意識の指向性により捉えられた現象を科学的に客観的に分析する方法を現象学的還元と呼んでいます。行動も指向されて意識化されて認識されます。意識には自分は自分であり他者ではないという『自己の同一性』、自分が行ったことの結果と原因は自分にあるという『自己斉一性』、及び、昨日の自分と今日の自分は同じ自分であるという『自己の継続性（連続性）』の３様態があり、３様態が統合されて自己認識が形成されます[33]。意識化された行動を分析し自己の認識の傾向を理解することが行動特性の重要な研究テーマです。

第4章　行動の起因　情動、感情、意識、認識

行動には意識的行動と無意識的な自動行動の2種類があり、無意識的な自動行動は情動を主な起因としています。本章では行動の源流となっている情動、感情、認識について概観します。M・ヴェーレンバーク（Margaret Wehrenberg）とS・M・プリンツ（Steven M. Prinz）は「脳神経から見た場合、内側前脳束の中心に情動や感情を創るA・B神経系がある。感情の源は本能的な情動（喜怒哀楽）である。それを作るA・B神経系が太い束になって視床下部のなかでも特に欲を出すところだけを通っていることはきわめて重要なことである。この内側前脳束によって欲と情が合体して欲情・情欲となり心が駆動されるのである。1989年にこの側坐核を中心とした脳内の詳しい神経の配線がわかり、側坐核がまさに『やる気や行動を生む脳』であることが判明した。側坐核にはTRHのレセプター（受容体）が多く分布している。TRHは視床下部を中心に分泌される『やる気のホルモン』だ。そのTRHが側坐核のレセプターに結合することによってやる気がおきるのである。動物が好きなもの嫌いなものを見たとき扁桃核が電気発生することからこの脳が『好き嫌いを決める脳』であることがわかってきた。喜怒哀楽の背景には『好き嫌い』という心の動きがある。ここで興味あるこ

とは、視床下部や側坐核の『本能（やる気・欲）の流れ』と『記憶の流れ』がちょうど扁桃核でクロス（交差）していることだ。すなわち扁桃核の後部は記憶の脳・海馬の先端に接続し、そこを包むように記憶・学習・言語の脳である側頭葉がある。扁桃核はその交点に位置している。好き嫌いを決めるには『ものさし』となるものが必要だ。それが記憶である。記憶には遺伝子DNAに組み込まれた生命記憶と後天的な学習や経験による記憶の二種類があるが、どちらも『快感』を基準に記憶されている。どんな動物でも、快いことは喜んでするし、不快なことはしたくない。扁桃核はこの快・不快の記憶をものさしにして、好き嫌いを峻別し喜怒哀楽の根底を形成するのである。記憶は心の根底であり知・知能の根底でもある。扁桃核は五感のすべての情報を総動員してたえず周囲を監視し、それが自分にとって安全か安全ではないか、快いものなのか不快なものなのかを判断している。そのため扁桃核には、あらゆる感覚情報が集まってくる。また、情動と記憶の形成に関して2つのルートがある。1つは情動に関与する『本能の流れ』だ。このルートは『視床下部―扁桃核―側坐核』のルートで本能から喜怒哀楽を形成する。もう1つは『記憶の流れ』で『海馬―扁桃核―側頭葉』と連なるルートだ。この2つの流れは最終的には前頭連合野で合流する。扁桃核はこのような海馬と側頭葉による記憶を参照しながら瞬時に好き嫌いの決断をしている[35]」。

情動が記憶と結びつき感情となります。つまり情動が認知されることで自己の感情に気づくことができます。記憶には脳に情報をインプットする『記銘』と脳がその情報を維持する『保持』と脳の中にある情報を引き出す『想起』という3つのプロセスで成り立っており、意識的記憶である顕在記憶（explicit memory）と無意識的な潜在記憶（implicit memory）の2種類があります。更に、顕在記憶は意味記憶とエピソード記憶に分類され、潜在記憶は手続き記憶、反射的な記憶、サブリミナルの3種類に分類されます。意味記憶とは、例えば、「ミカン」が意味するものとして「大きさ、色、形、味や、果物の一種」であるという知識などに関する記憶で、これは経験の繰り返しにより形成され、その情報をいつ、どこで獲得したかという付随情報の記憶は消失して内容のみが記憶されたものだと考えられています。

エピソード記憶とは、例えば、昨日の夕食はどこで何を食べたか、○○記念日などというような経験や出来事に関する記憶です。エピソード記憶は経験そのものと、その経験に関わる様々な付随情報（時間、そのときの身体的・心理的状態など）の両方で形成されることが特徴です。手続き記憶とは自転車の乗り方を忘れないなどのように同じ経験を反復することにより形成される運動技能や知覚技能などの記憶で、反射的な記憶とは梅干しを見ると唾液が出るなどのように刺激により形成された反応に関する記憶で、サブリミナル（subliminal）とは意識としては認識できない非常に短時間な知覚刺激が潜在記憶として残り、思考や行動に影響を及ぼす記憶のことです[36]。5種類の記憶のなかでも特にエピソード記憶は記憶の機能をコントロールする海馬と情動を司る扁桃体の協働により形成される記憶で情動と強い結びつきがあります。

岸田一隆は「情動はエピソード記憶に重みをつけて、脳に強く刻みつける役割を果たしています。『情動』はほとんど意識せずとも反応してしまう身体的な心理現象です。その基本的部分の仕組みは遺伝子の設計図である程度決まってしまいますが、その後の経験も情動に影響します。それに対して『感情』とは自分の情動を意識が認知する働きです。情動を『私』が感じて感情になるわけです。感じ方は人それぞれで、経験の違いが大きくものを言います。順序としては、情動反応が先で、感情を意識するのが後に来ます。出来事は海馬を通して、好き嫌いなどの価値判断は扁桃体を通して、私たちの脳に入ってきますが、このままでは、どちらもただの記憶の集まりに過ぎません。ここで重要な役割を果たすのが行動と意思を担う中枢の大脳基底核です。感情をともなったエピソード記憶の積み重ねによって、大脳皮質のループ（より正確には皮質・基底核・視床ループ）の中に行動規範が『無意識的な記憶』としてプログラムされます。脳に刻まれた倫理・規範・価値観は、自転車の運転と同じように、意識されることのない『心に染みついた』記憶なのです。倫理は言葉による理屈ではありません。それは、脳の中に無意識の形でしか存在しません。脳の外で表現することができる文書に書かれた規範などは、私たちの脳にとっては意識的な意味記憶に過ぎないのです。感情をともなった経験が、エピソードとして再度新しく脳に入力されると、大脳基底核（その中でも、側坐核）が行動規範のプログラムを適切に修正・更新します。これが、倫理・規範・価値観を新たに刻みつけるメカニズムです」と解説しています[37]。

（補足参考）倫理観と情動との関係
『脳に刻まれたモラルの起源[38]』から情動と倫理観の関係を紹介します。（以下、抜粋引用）「人殺しはなぜ悪いのか」という根本的な倫理命題について、理性に基づいて論理的に証明することは難しい。しかし、我々は即座に人殺しが悪いことだと直観的に判断している。脳科学は『人殺しはなぜ悪いのか』に答えることはできないが、その代わりに『人はなぜ殺人を悪だと思うのか』という問題に答えを出せる」。それを『トロッコの問題』と『歩道橋の問題』で説明されています。

・「トロッコの問題」

線路を走っていたトロッコが制御不能になった。このままでは前方で作業中の5人が猛スピードのトロッコを避ける間もなく轢き殺されてしまう。この時、たまたまAは線路の分岐器のすぐ側にいた。Aがトロッコの進路を切り替えれば5人は確実に助かる。しかし、切り替えた路線には1人の作業員がおり、5人の代わりにその1人がトロッコに轢かれて確実に死ぬ。「Aはトロッコを別路線に引き込むべきなのかどうか」という問題です。つまり「5人を助けるために1人を殺してもよいか」という問題です。

・「歩道橋の問題」

Aは線路の上にある歩道橋に立っており、Aの横にはBがいる。Bは体重が重く、もし彼を線路上につき落として障害物にすればトロッコは確実に止まり5人は助かる。だがそうするとBがトロッコに轢かれて死ぬのも確実である。Bは状況に気づいておらず自らは何も行動しないが、Aに対し警戒もしていないので突き落とすのに失敗するおそれは無い。「Bを突き落とすべきかどうか」という問題です。この問題は、「トロッコの問題」の分岐器を切り替えて1人を犠牲にするかどうかではなく、1人を上から線路上に落とすかどうかを問う問題です。

・(上記) 2つの問題の回答者の傾向

トロッコの問題では1人を犠牲にすることが許されるという回答（すなわち功利主義的判断）をする人が多いのに対し、歩道橋の問題では許されないという回答をする人が多い。

・2つの問題に対する脳科学のアプローチ

人間が善悪の判断をするときに、どのような心理作用をもとに脳の中で判断をしているのか、どのような脳の領域が倫理的判断に関わっているのか、それを脳科学はどんな知見を提供しているのかを見ていきます。

「トロッコの問題」のような直接的な感情の関与が弱い状態では功利主義的判断ができるが、「歩道橋の問題」のように感情的関与の強い状況では、理屈で割り切れない「ダメなものはダメ」という義務論主義的な道徳判断が優先される。このような個人的な感情の関与が強い状況では、感情と関わる脳の部位が関与していると予想される。機能的磁気共鳴画像法ｆＭＲＩを用いて、個人が感情的な関わりを強く持つモラルジレンマについて考えているときと、感情的関わりの弱いモデルジレンマについて考えているときの脳活動を比較した結果、「歩道橋のジレンマ」のような状況では、社会性の感情と関わる部位でより高い活動が起きていた。トロッコのジレンマでレバーを引いても良いと考えても、歩道橋のジレンマで人を歩道橋から突き落とすことはためらわれる。歩道橋のジレンマでは直感的・感情的機能が強く働き、脳の中では、おもに内側前頭回と呼ばれる部分の機能が活性化するが、トロッコのジレンマではこのような感情的な直感を抑えて合理主義的に「最大多数の最大幸福」を目指して行動する認知的制御機能が優勢になるからである。このようにモラルジレンマにおける倫理判断においては、脳の2種類の質的に異なるシステムが関与している可能性が見いだされる。

（補足参考）モラルファンデーション理論（moral foundation theory）

社会心理学者のジョナサン・ハイト（Jonathan Haidt）は倫理観を記述する概念として次の５つの道徳感情が根幹をなしていると研究しています[39]。

1　「傷つけないこと」（harm reduction/care）
2　「公平性」（fairness/justice）
3　「内集団への忠誠」（loyalty to one's in-group）
4　「権威への敬意」（deference to authority）
5　「神聖さ・純粋さ」（purity/sanctity）

これらは「根源的な倫理観の要素（モラルファンデーション）」と呼ばれて、人類が同じ社会に所属する他者と協力する環境の中で進化適応してきたことにより獲得されたもので、生得的な人間関係の特徴を表わしている。これらの倫理観は人類に共通した普遍性をもつ感覚であり、異なる文化圏における倫理的規範もこれらの概念に帰属するだろうと考えられている。

無意識的な行動の起因となっている情動を記憶との観点で見てきましたが、次に神経系や脳内ホルモンの行動への影響に関する研究を紹介します。クラウス・ピーター・レッシュ（Klaus-Peter Lesch）らによると「セロトニンを再吸収するための輸送体と関係している５―ＨＴＴ遺伝子には、ショート型とロング型の2種類があり、ショート型の人のほうがロング型の人に比べセロトニンの分泌が悪く神経質な傾向が強い。日本人とアメリカ人の５―ＨＴＴ遺伝子を調べると、日本人でショート型を持つ人は98・３％と圧倒的に多い。これに対して、アメリカ人でショート型を持つ割合は67・7％に過ぎない。このような違いにより日本人のほうがアメリカ人よりも、よく言えば慎重で、悪く言えば臆病な性格に生まれつくということが考えられる」と発表をしています[40]。同様にアフマド・ハリリ（Ahmad R. Hariri）らも「セロトニン（５―ＨＴ）は病的不安や恐怖にも影響を及ぼす。セロトニントランスポーター（５―ＨＴＴ）のプロモーター多型の短い対立遺伝子は恐怖と不安に関連する行動へ影響を与える」という研究をしています[41]。また、アンドレア・グレン（Andrea L. Glenn）によるセロトニントランスポーター遺伝子多型の短い対立遺伝子はうつ病、不安神経症、感情の低下、異常行動に影響するという研究もあります[42]。

脳内ホルモンと行動との関係に関してＭ・ヴェーレンバークとＳ・Ｍ・プリンツは次のように述べています。「ノルアドレナリンはドーパミンに水酸基（ＯＨ）の足が一本付いた分子である。このノルアドレナリンに更にメチル基（ＣＨ３）がつくとアドレナリンになる。ノルアドレナリンが多量に分泌されると人間を覚醒させ活動的にさせる。ノルアドレナリンは人間や動物が生きて活動し生活していくために重要な分子である。朝はノルアドレナリンの分泌によって目覚め、昼はノルアドレナリンによって活動し、夜はノルアドレナリンの分泌が減退して眠る。これが神経伝達物質からみた人間生活である。ノルアドレナリンには怒りのホルモンという別名がある。激怒したときにノルアドレナリンが多量に分泌されるからだ。これに対して驚いて恐怖を感じたときにはアドレナリンが分泌され恐怖のホルモンといわれている。ノルアドレナリンの脳内での分泌が減少すれば、元気を失って憂うつになりうつ病になる。逆に、過剰に分泌されると躁病になる。喜怒哀楽を生じるA・B神経系はすべて脳の中心・脳幹を出発点とする神経であり、A系神経は脳を覚醒して快感を生む覚醒・快感神経であり、B系神経はA系の活動を抑え調整する抑制神経である。様々な喜怒哀楽は視床下部や大脳辺縁系に綱の目のように分岐するA・B神経系のルートのなかで、有機化合物によって生まれ、広がり、消えていく。A10神経の強い快感は神経伝達物質ドーパミンによって生まれる。分子レベルから人間をみると、ドーパミンが多量に分泌されればされるほど人間は覚醒し気持ちがよくなる。覚醒性の神経伝達物質（ホルモン）であるドーパミン、ノルアドレナリン、アドレナリンはその分泌が多くなりすぎると人間は過剰に活動し最後には死んでしまう。そうならないために、脳内ではドーパミンなどの活動を抑制する神経物質が分泌されている。それがセロトニンだ。セロトニンはA系による覚醒作用を正しく調節しコントロールするように働く抑制神経系である。そのため「万能の調整役」ともいわれる。そして、最後にセロトニンはA系神経を抑えこんで、私たちを睡眠に導く睡眠物質となる」。(前述注35)

脳内ホルモンは感情や行動に影響を及ぼすだけではなく無意識下での子孫づくりの戦略にも影響しています。ジェニファー・アッカーマン（Jennifer Ackerman）は「女性は自分と異なるMHC遺伝子を持つ男性を好む。好みの相手を求める感情はドーパミン系と強く結びついており、バソプレシンは一緒にいたいという愛着心を高め、オキシトシンは子供の育成や信頼関係の維持に作用する。」と研究をしています[43]。藤田徳人も脳内ホルモンのセロトニンは不安や落ち着きを増幅し、ドーパミンは欲や快感を増幅させるという研究を紹介しています[44]。

遺伝子群による愛情や性欲行動への影響としてはMHCの研究が有名です。MHCとはMajor Histocompatibility Complexで主要組織適合性遺伝子複合体と訳されています。これは動物の免疫系に関する遺伝子群で、ヒトのMHCは白血球型抗原（HLA）と呼ばれます。両親のMHC遺伝子が多様であればあるほど子孫の免疫系は強くなります。したがって、異なるMHC遺伝子を持つ相手を探し、子孫づくりのパートナーとして選択して繁殖を促す、という遺伝システムを持つことは自己の遺伝子を継続させるためには有益な戦略です。MHCは嗅覚を介して相手を選択すると考えられています。クラウス・ヴェデキンド（Claus Wedekind）は「人はMHCタイプが最も異なる相手を選ぶ」ことを実証実験により確認しました。「汗をかいたTシャツ研究」として有名な実験ですが、それは複数の男性が4日間着たTシャツをそれぞれの箱に入れ、女性はどの箱のTシャツの匂いを最も好むかという実験です。調査の結果、女性は「自分と最も異なるMHCを持つ匂いに惹かれた」ことが解りました[45]。

表 4-1　気質と脳内ホルモンの関係

	性質	神経伝達物質の作用	関係する神経
分裂気質	非社交的な変わり者が多い。神経質だが、ものごとに敏感な一面も	ドーパミンの過剰活動	A10 神経
躁うつ（循環）気質	躁状態では明朗でユーモアがあるが、うつ状態では寡黙で気が重くなる	ノルアドレナリンの過剰活動、活動不足。セロトニンの過剰活動	A6 神経 B 系神経
粘着（てんかん）気質	忍耐強く几帳面で凝り性だが、ときとして爆発的な怒りを現わす	ギャバの過剰活動。ギャバの抑制がゆるむと爆発的に怒る	ギャバ神経

出所：M. ヴェーレンバーク＆ S. M. プリンツ『不安な脳』日本評論社、前述注35。

ここで、神経伝達物質と脳内ホルモンの関係を簡単に整理しておきます。神経伝達物質は神経細胞同士あるいは神経細胞から筋肉細胞へ伝達される物質で、神経細胞の小胞内に蓄えられています。ホルモンは内分泌腺（主に脳下垂体）から血液中に放出され、離れた場所にある標的部位の特定の代謝過程を刺激する物質です。標的部位に到達したホルモンは細胞に結合して直接代謝過程を刺激します。神経伝達物質にもホルモンにもドーパミン、アドレナリン、ノルアドレナリンなどがあり、それらは共通に作用して化学的特性もほぼ同じです。違いは神経伝達物質は「血液を経由しない、内分泌腺から放出されない、伝達経路が神経細胞間か神経細胞から筋肉細胞へのみである」ことが挙げられます。神経伝達物質は局所的ですがホルモンは内分泌腺から血液中に放出されるため全身を標的とします。神経伝達物質や脳内主要ホルモンと第1章で取り上げた気質との関係、及び、行動に影響を与える主な脳内ホルモンの一覧表を掲載しますので参考にしてください（表4―1、4

表4-2　行動に影響を与える脳内主要ホルモン

セロトニン (serotonin)	心の高ぶりを鎮め、落ち着かせ、安らぐ気持ちを作り出す。 大脳を覚醒させ、集中力を高める。気分をスッキリさせる。 ノルアドレナリンによる不安感や不快感を抑制。 ドーパミンによる快感の高まりを弱め、落ち着きと満足感により過度な行動にブレーキをかける。
オキシトシン (oxytocin)	他人や集団に対して信頼を強める行動や、信頼に応える行為を強める。 親密な関係を生む。 授乳期の女性に母乳の分泌を促し、陣痛を誘発。 オキシトシンの分泌異常は自閉症を誘発。
バソプレシン (vasopressin)	男性ホルモンで働きを強め、血圧上昇や興奮状態を誘引し闘争状態。 抗利尿作用、血管収縮、血圧上昇作用。 子供に安心感、信頼感を与えるオキシトシンが女性に分泌量が多いのに比較して、血圧上昇など闘争（緊張）状態を作り出すバソプレシンは男性に多い。
テストステロン (testosterone)	攻撃的な性格になるか、弱気な性格になるかという大切な事を左右する働き。 「テストステロン」レベルの高い男性は物事に積極的で、人々を支配しようとする。 精力、筋肉増大、毛深さ、タンパク同化作用（摂取したタンパクを筋肉に変える作用）の促進、精子の生産。 女性は副腎からしか男性ホルモンは分泌されず、分泌量はおよそ男性の20分の1。 テストステロンは年々少しずつ減少し男性更年期のはじまり。
ドーパミン (dopamine)	喜び、興奮。 変化や新規を求める傾向が強い（転職が好き、引越しが好き、恋人を変えるのも好き）。 やる気にあふれ動きがキビキビしており、好奇心が強く表情が豊か。性格は外交的で会話好き。 冒険・探検好きで、刺激のためならリスクを犯すことも平気。 ドーパミンの不足は無力感、無気力になり、次第に人と交わるのも嫌になり社会からの離反を誘因。 ドーパミン過多では、幻覚やパラノイア、発話や運動不調となる。
エストロゲン (estrogen)	血管や骨も強くし脳や自律神経の働きを促進させるなど健康維持にも効果。 女性の場合は性機能の発達と妊娠機能。分泌のバランスが崩れると生理不順や不妊の原因。 子宮の発育や子宮内膜の増殖、乳腺の発達など、女性らしい体つきを促進するホルモン。 エストロゲンの減少は、うつやイライラ、不眠、倦怠感といった様々な更年期障害の原因。 閉経後の女性に骨粗鬆症が多いのはエストロゲンの減少による骨の維持活性能力が急激に失われることに起因。
エンドルフィン (endorphins)	脳内麻薬様物質として快感付与。 親しい人と別れるときに「さびしい」思いへの鎮痛作用を含めた不安や苦痛を消去。 ドーパミンの分泌を抑制する物質を逆に抑制する働きを持ち、ドーパミンの働きを助ける。ドーパミンは脳内に限られるが、エンドルフィンは脳内だけでなく全身の神経系特に消化系でも分泌される。

出所：表4-1に同じ。

——2）[前述注35]。

生理学的な側面から神経伝達物質や脳内ホルモンの行動への影響を見てきましたが、これらは直接的に行動を生み出すのではなく、先ずは情動に働き、情動が行動を発現させています。「情動というのは、泣く、笑う、手に汗握る、といった人間の心の身体的な反応です。感情に比べると生物としてのより根源的な反応と言えます。情動に個々人の経験や感じ方が加わって、各人の主観的な感情となるのです。人間の行動や意思の中枢は大脳基底核です。やる気や行動規範を担っています。人が何か行動を起こそうとする時、価値に基づいて意思を決定し、行動を選択するのはこの部分です[前述注37]」。

行動は情動や感情の表現型です。井原康夫は「共同して作業するという行動は受容という情動から発っせられ、拒絶という行動は嫌悪という情動から、破壊は怒りから、生殖は喜びから、注視は驚きから、探索は期待から」と行動と情動の関係の研究を紹介しています[46]。ディラン・エヴァンズ（Dylan Evans）は「情動は基本的情動と社会的情動に分けることができ、基本的情動とは普遍的かつ生得的な情動でJoy, Anger, Surprise, Distress, Fear, Disgustの6種類ある。社会的情動は文化や個体の体験が大脳新皮質で処理された情動でLove, Shame, Pride, Jealousy, Guilt, Embarrassmentの6種類がある」と情動を分類し[47]、ジェラルド・ザルトマン（Gerald Zaltman）は「愛や満足や快感という快情動は無意識にその状態を維持しようとする行動を発現させ、悲しみや不安や敵意という不快情動は無意識にその状態を攻撃したり逃避して解消しようとする行動を発現させる。情動とは身体内外の環境変化に応じて無意識に起こる身体的変化であり、感情は情動による身体変化を感じた状態、すなわち意識している状態を意味する」と情動と行動との関係を説明しています[48]。このように情動は大脳新皮質からの感覚情報と、この情報が快なのか不快なのかという記憶情報とが照合され評価されて行動として現わされます。情動とは意識されずに生じている生理的な状態ですが情動が認知されることで感情として意識に上ってきます。本書では情動とは感情の前に生じて意識されていない状態であり、情動が一定の強さと長さ（持続）を得て意識化された状態を感情として使用しています。また、瞬時に湧き起こっては消えていく感情が記憶や言語と出会い増幅され固定化されると認知され意識化されると考えています。

意識されていない情動が行動として表現される過程を見てきました。日常生活でも「誉められる」と近づき快を得ようとしますし、「叱られる」と遠ざかり不快を避けるという行動は頻繁に見られます。行動を追求すると情動や感情が見えてきますが、気をつけなければならないことは情動を生じさせる神経伝達物質や脳内ホルモンによって人を一定のパターンに嵌め込んで決めつけないことです。第２章でクロニンジャーの７次元モデルを紹介しました。ドーパミンやセロトニンやノルエピネフリンの性格に及ぼす影響度により「４つの気質と３つの性格」を定義して、ドーパミンの濃度が高い人は新奇探求性気質で「新しいものに飛びつきスリルを好む」と言われ、この気質の人には探検家や兵士が多く、新規探求性が低い人には宗教家や医者が多いと言われました。しかし、類型論の考察で触れましたが、何億人もの人間を数種類の気質に分類して、それを基に職業の適性判断に用いることには危険が伴います。探検家には新規探求性が高い人がいたというだけで、新規探求性が高い人が探検家に向いていることにはなりません。原因と結果を混同すると間違った解釈となってしまいます。気質や性格は構成概念であり見えるものではありません。それを見えるドーパミンの分泌量で分類することは魅力的な根拠づけに感じられますが「新規探求性」という構成概念が客観性を獲得したわけではありません。また、神経伝達物質や脳内ホルモンの情動に及ぼす研究は重要ですが、情動がそのまま性格パターンや行動パターンを決定するわけではありませんので注意が必要です。

（補足参照）科学の誤謬

相関関係や因果関係への注意として石浦章一の「遺伝子の謎と秘められた暗号」を紹介します。

「ウィスコンシン州は牛乳の消費量が全米で第1位！　ウィスコンシンは全米の州の中で、がんの発生率も一番高い！　牛乳の消費量とがんの発生には相関があるので牛乳を飲むとがんになりやすい⁉　しかし、ことはそんなに単純明快ではありません。たとえ話をしてみましょう。東京とデンバーでお箸を使って食事をするかどうか聞く。また、両都市でその答と血液型との関係を調べる。その結果、箸を使う人は東京では１００％、デンバーでは０％であったとする。また、東京では血液型がA型の人は40％、デンバーでは20％であった。よって、お箸を使うことと血液型A型には相関がある。A型を決定する遺伝子は、お箸を使う能力に関係している。これらの結果、何だか変だと思いませんか？　この議論でおかしいのは、A型を決定するグリコストランスフェラーゼ遺伝子の多型は、人種によって遺伝子頻度に差があり、日本人の頻度が高いだけに過ぎないということ。さらに、お箸を使う文化が浸透している。日本人において見かけ上の相関が認められたのに過ぎないということ。これを短絡的に、相関があると結論できるのはおかしいことですよね。牛乳とがんについても同じで、相関は、因果関係とは別のことなのです。人間の形質を論ずる場合、往々にしてこのような議論がよくみられるので注意が必要です。

昔からヒトの性格や体質の研究はアンケートによる相関研究が多かったものです。例えば、知能の研究において、ある遺伝子Ｐに注目して研究が行われたとします。遺伝子Ｐには、P1とP2という多型があると仮定。多型というのは変異の型であって、遺伝子Ｐの中の塩基配列が人によって異なり、人による違いが2種類以上あってその割合が１%以上いるということ（１%以下の珍しいものを突然変異と呼ぶ）。知能が高い人が2つのうちどちらをもつかを調べると、例えばP1が40%でP2が60%。一般の人での割合は、P1が10%、P2が90%であれば、明らかにP1をもつほうが高知能である確率が高くなる。これが相関研究というものです。ここには、P1をもてば確実に高知能になるという因果関係はありません。しかしこの話を聞くと、いかにもP1が知能の遺伝子だと考えてしまいます。性格は遺伝するのか、好奇心旺盛な人はＤＮＡ配列の特定部位の繰り返し回数が多い⁉　人にはいろいろな性格があります。これをどう分類するかが問題なのですが[49]。

もう１つ相関関係の例を紹介します。「『図書館が多い街ほど、犯罪件数も多い。ゆえに、街に図書館をつくったら、犯罪が増えるに違いない』といった因果関係を前提とする主張があったとする。この場合、図書館が原因となって犯罪という結果が招かれていることになるが、果たして本当だろうか。実はここには、『人口』という隠れた要因がある。人口が多い街では確率的に犯罪件数も多くなるし、一方で図書館の数も相対的に多くなることが想定できる。『図書館』と『犯罪』は相関関係にあり、人口の多さという要因が両者に影響を与えていたのである。このような、本来は因果関係がないのに、隠れた要因によって因果関係があるかのように推測されることを『疑似相関』という[50]。

情動、感情について整理しておきます。

1. 感情（feeling）

感情とは有機体が認知した対象や表象にいだく主観的な印象、ものごとに対して体験している心の状態であり、驚き（surprise）、喜び（happiness）、怒り（anger）、恐怖（fear）、悲しみ（sadness）、嫌悪（disgust）が基本的な感情であるという心理学者が多くいます。これに対してロバート・プルチック（R. Plutchik）は怒り、恐れ、期待、驚き、喜び、悲しみ、信頼、嫌悪という8つの基本感情とそこから派生する二次感情説を提唱しています（図4―1参照[51]）。

2. 感情の基調

感情は五感（視覚、聴覚、嗅覚、味覚、触覚）の情報と好悪（好き嫌い、快と不快）の価値判断により生じ、短い時間の軸上で揺れ動き、回避や接近という行動が生じます。

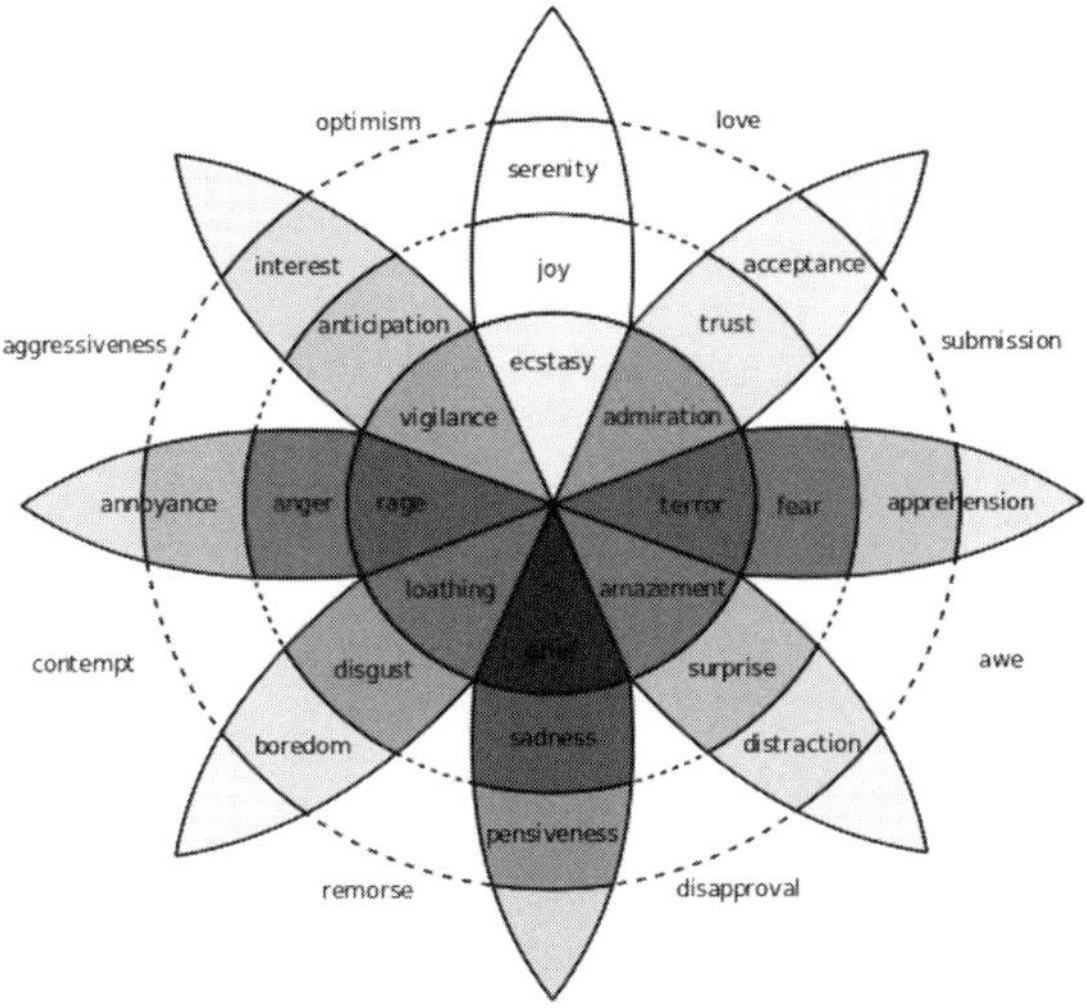

出所：Plutchik, R., The Nature of Emotions, https://ja.wikipedia.org/wiki/感情の一覧、注51.

図4-1　ロバート・プルチックの感情の輪

3. 情動・気分に関して

情動（emotion）とは「一過性、反応性のはげしい感情」であり、気分（mood）とは「よわい持続性の感情」と呼ばれています。本書では「情動とは意識化される前の感情、及び、言葉と結びつく前の感情（すなわち認識されない感情）」として使用しています。

また、気分とは抑うつ、たかまり、不安等と表現されて、一瞬の状態ではなく持続するゆるやかな状態をさします。

4. 大脳辺縁系が感情の中枢

感情と深くかかわっているのは大脳辺縁系（海馬や扁桃体、帯状回を含む）で、情動や記憶の統合に大切な役割を果たしています。五感の情報は、最終的には辺縁系に入力され、そこで感情として出会い、特に快・不快などの感情は感覚の印象とも強く結びついています。

情動と意識について

クリストフ・コッホ（Christof Koch）は、情動はクオリア（qualia）と似た状態であると述べています。「クオリアとは普段我々が意識という語で指す事柄の中でも最も原始的『感じ』であり質感である。クオリアの種類やその強弱はそれを直接感じている本人にしか厳密にはわからない。…自分自身の経験を振り返ってみるとわかることだが、外部の世界と内部の世界という区別はそれほど単純なものではない。経験主義の哲学者がかつて主張したように経験は単に与えられるものではない。経験する主体（あるいは精神）が、意識的にせよ無意識的のうちにせよ、感覚系から押し寄せてくる情報の洪水の中から、その場で役に立つ貴重な情報として選び出したものだけが意識にのぼる。我々は普段、身のまわりに起こる多くのことを気に留めていない。注意を向けたのもが意識され、注意を向けていないものはほとんど意識されていない。何かに注意を向けているときは、普通は、そのことを意識している。『普通は』とここで言った理由は刺激提示時間が短く、処理時間が限定されていたり複数のものに注意を同時に向けていた場合などでは、それが注意に到達しないことがあるからである。特に、刺激が弱いと、注意による信号の増強があっても不十分なことがある」(前述注28)。

（参考補足）クオリア

クオリアとは、ラテン語 qualia で、単数形は a quale であり、我々が意識的に主観的に感じたり経験したりする「質」のことを指す。日本語では感覚質とも呼ばれる（脳科学辞典２０２０年１月28日閲覧）。

コッホは情動が意識化される過程は注意という意識の方向性の働きによると述べていますが、これに関しては現象学を創設したフッサール（Edmund Husserl）に「意識の指向性」という詳細な研究があります。「意識とはすべて、何ものかについての意識である。意識の作用的側面はノエシスNoesis と呼ばれ、対象的側面はノエマ Noma と呼ばれる。ノエシスとは意識に現れた感覚的素材に志向的な意味統一を与えてひとつの存在対象の妥当を構成する意識の働きであり、ノエマとはノエシスによって構成された対象性のことである。志向的体験は表象される対象に様々な仕方で関係するという特性を備えている。志向的体験はまさに指向という意味で対象に関係するのである。対象は志向的体験の中で《思念》され《目標として狙わ》れている。このことは志向の生活、詳しく言えば表象志向、判断志向、欲求志向などの成果をもつ何らかの体験が現存しているということに他ならない」[52]。

フッサールは意識とは常に「何かについての」意識であり志向性を持っている、したがって、意識によって得られる体験も志向的なものであり、これを志向的体験と呼びました。意識の作用であるノエシスと意識された対象であるノエマの研究により、意識が対象を認識する方法を現象学的還元としてまとめました。行動の把握においても現象学的還元は極めて有効な方法です。それは、無意識に行われた行動を意識の指向性により認識化させ、認識された行動をノエシスにおけるノエマとして分析することで、志向的体験（つまり意識化された行動）に含まれている情動や感情や認知の働きが見えてくるからです。

（補足参考）現象学による行動の把握（フッサールの諸著書から抜粋）

行動の把握において意識の指向性は重要なテーマですのでフッサールの現象学のキーワードを紹介します。

「認識体験は何らかの志向をもつものであり、それらは何かを思念しそれぞれの仕方で何らかの対象性に関係している[53]」。

「自我のない意識が考えられないのと同様、その対象となる何ものか、すなわち意識の中で意識されている何らかの《対象性》を抜きにして、意識というものは考えられない[54]」。

「あらゆる能動的構成はその最低段階として『対象』をあらかじめに与える受動性を必然的に前提している[55]」。

「現象学全体を包括する問題の名称は志向性と呼ばれる[56]」。

「対象の能動的把握は、対象があらかじめ与えられていることを常に前提している[57]」。

「どの志向的体験も、知覚と同様、それぞれの《志向的客観》をすなわち対象的意味をもっている。意味をもっているということ、ないしは何かを《意味においてもっている》ということが、あらゆる意識の基本的性格であり、だからこそ意識は一般に単なる体験ではなく、意味をもつ体験、すなわち《ノエシス的》体験なのである」。「現象学的還元と純粋体験の領域がいずれも《超越論的》と呼ばれる理由は、この還元によって素材とノエシス的諸形式（＝意識作用の諸形式）との絶対的な領域が見出されるからである[58]」。

「すべてのコギトがそれぞれのコギタートゥム（意識されたもの）をもっているということは、志向性の現象学にとっては一つの根本的な本質的状況である。ここでいうコギトは《私は知覚する》、《私は思い出す》、《私は期待する》という意味であってもよいし、あるいはまた気に入る、気に入らない、希望する、恐れるなどの情緒的な《価値付け》や意志の働きをすることであってもよい[前述注52]」。

「志向的分析は分析されるべき個々の諸体験を超え出るものである。志向的分析は顕在的な諸体験ばかりではなく、顕在的な諸体験の意味能作的志向性のうちに含蓄的に予示されている潜在的な諸体験をも主題化するのである[前述注55]」。

「事実（客観）をいかに正しく認識するか（主観）というそれまでの図式をやめて『どんな場合に私たちはそれがある（事実）と疑いなく思っているのか』という確信が成立する条件を研究する[前述注56]」。

「重要なことは客観性を保証することではなく客観性を理解することである[59]」。

第5章　行動の形成　習慣化

第3章で紹介したダニエル・カーネマンは「（意識的・思考的な）システム2を使いたがる人もいれば（直感的・無意識的な）システム1寄りの人もいてその違いが個々人の行動の違いとして現れる」と述べています（前掲注29）。システム1とシステム2は相互に補完しあいながら行動として現れ、その行動が習慣化されると更に新たな行動を生み出します。日常での歯磨きの習慣、料理の手順、通勤や通学、その他の複雑な作業も習慣化することでほぼ無意識でできるようになります。チャールズ・デュヒッグ（Charles Duhigg）は「複雑な作業を頭で考えずにこなせるのは脳の基底核の働きにより保管されていた記憶が活性化されてほぼ自動的に身体がそれに従い動くからです。習慣の影響は大きく私たちが毎日行っている選択はよく考えた末の意思決定だと思えるかもしれませんが、実はそうではなく、無意識のうちに判断している習慣がほとんどなのです」と『習慣の力』で述べています(60)。

車の運転が習慣化されると運転中に他の事を考えることができるように、習慣化により脳は注意力を他の事に振り分けることができます。篠原菊紀はバスケットボールのドリブルを例にして脳神経の観点から習慣化を説明しています。「最初はボールの中心を意識して、手で全体を包み込むようにして、跳ねてくるボールの力を吸収するようにして等とさまざまな注意やコツを意識して始まります。ボールの跳ね返りを意識して腕を動かし何度も修正し試行錯誤を繰り返します。しかし、ある段階を超えると意識して手元を見なくても自然にドリブルができるようになります。ドリブルがぎこちない時の脳は運動野が筋肉に対して指令を出し前運動野が運動のプランニングを指示して活動をしている状態です。ドリブルが慣れてくると脳の活動は大脳皮質から脳の奥の大脳基底核に移ります。大脳基底核の活動は無意識的ですから、脳の活動は意識的な状態から無意識的な状態へと移行するのです。脳が意識的な状態から解放されることにより脳の注意力をフェイントやパスやシュートへ振り向けることが出来るようになります[61]」。

脳に負荷がかかっている場合は注意力がそがれるというだけではなく社会的道徳行為も低下することも報告されています。「難しい作業記憶の課題、社会的行動の調査、買い物しながらのさまざまな決断などで前頭葉が働くと、その直後には前頭葉に依存する別の課題の成績が下がる。また、前頭葉にかかる認知的負荷を増やすと、被験者は気前が悪くなったり、人を助けなくなったり、うそをつきがちになるという向社会性が下がる[62]」。脳は常に安定状態を求めて働き、習慣化により注意を振り向けずに最小限のエネルギーで行動ができるようにしています。習慣とは生まれつきあるものではなく繰り返しにより身体に馴染んだ状態で、行動にとどまらず思考や価値観や人生観も習慣化されることが解っています。目標の達成や夢の実現のために必要なプロセスを習慣化して取り組むことはよく見られることです。ダイエットや禁酒や禁煙などはそれらに代わる新たな習慣を身につけることにより達成できます。

新たな習慣を身につけることを脳科学では馴化《じゅんか》と呼んでいます(63)。新たな習慣を身につけようと行動が変化している時にはドーパミンなどの脳関連物質の分泌が多くなりますが、変化に慣れて適応してくるとその分泌が落ち着いてくることが馴化の過程です。馴化には馴化してやめる機能と馴化を続ける機能があります。馴化してやめる機能は「きっかけ（新しいことを始める）→それを意識的にも無意識的にも楽しいと感じて続ける→楽しいことがマンネリ化する→飽きてつまらないと感じてやめる」というステップを辿ります。一方、馴化して続ける機能は「きっかけからマンネリ化」まではほぼ同じルートをたどりますが、「マンネリ化した行動が強い習慣となり意識せずに続ける（やめようという意識が生じない）」ところが異なります。習慣化とは馴化して、その後も続けた機能を指します。歯磨きやジョギングなどが馴化して続ける状態が習慣になった状態で、三日坊主は馴化してやめた状態です。三日坊主を習慣に変えるためには意思（三日以上続けるという意思）を習慣化させることが必要です。そのためには行動を意識的にパターン化して身体に組み込むことが効果的です。「勉強をすることを習慣化にしようと思ったら『椅子に座って背筋を伸ばすとかコーヒーや牛乳を飲むか』というスタートの合図を決めて、勉強の始め方のパターンを作ることが効果的です。新しいことに慣れるまでは前頭葉が働きますが、慣れてしまうと線条体や小脳など、無意識的・習慣的な脳が自動的に処理してくれるようになります。すると前頭葉は鎮静化し線条体が働きを高める。前頭葉がいったん活性化して鎮静化していく、それが脳がパフォーマンスを向上させていく道のりです」(前述注61)。何かをやろうとしてそれを習慣化させるためには「やる気」という意思の持続化が必要です。脳科学者の池谷雄二は「脳部位の淡蒼球は意欲を生み出している部位でそこをB、E、R、Iという4つの方法で刺激することで意欲を持続させることができる。Bとは Body のことで、やる気を出すには先ず身体を動かし運動野を刺激して活動させる。次に、Experience でいつもと違う経験をすることで記憶をつかさどる海馬を刺激して新たな記憶を蓄える。3つ目は Reward で楽しいことを行いドーパミンの放出を促し脳の報酬系を刺激して活発にする。4つ目は Ideomotor でこうなりたいと思ったことを強く思いその通りになろうとイメージ力をして刺激して前頭葉を活性化すること」が意思（やる気）を習慣化する方法だと示唆しています[64]。

習慣が形成されるの期間と習慣を形成させる意思

行動が習慣化され、それが成果（パフォーマンス）として発揮できるまでの期間に関しては形成外科医のマクスウェル・モルツ（Maxwell Maltz）が手足などを失った人が損失に適応するには平均21日かかることから「人が主要な生活の変化に適応するには21日かかる[65]」と述べ、分子生物学者の福岡伸一は「プロフェッショナルな技能（新しい行動特性）が出来上がるには1万時間が必要だ。1万時間といえば、1日3時間練習をしたりレッスンを受けるとして1年に1000時間、それを10年にわたって休まず継続することである。その上に初めてプロフェッショナルが成り立つ[66]」と述べています。

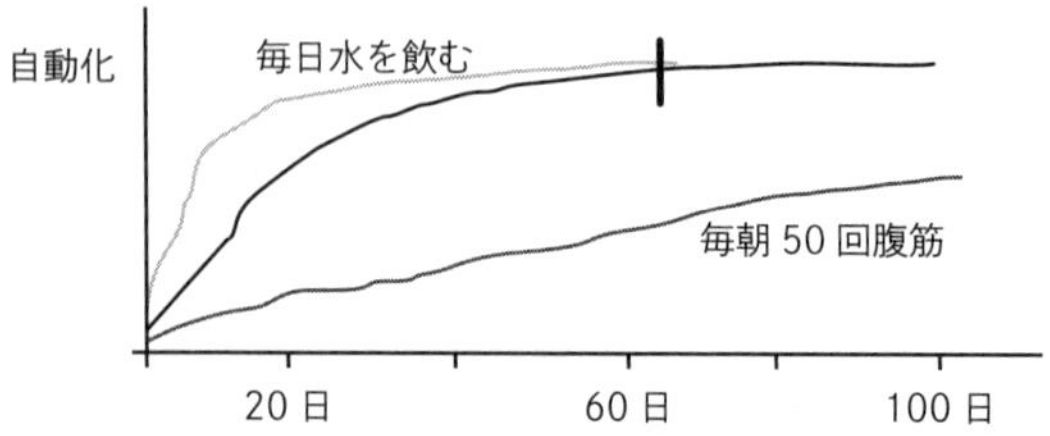

出所：Lally, Phillippa et al., "How are habits formed: Modelling habit formation in the real world," *European Journal of Social Psychology*, 2009. https://doi.org/10.1002/ejsp.674

図 5-1　習慣が形成される期間

アメリカ国務省（U.S. Department of State）の外交官養成局（Foreign Service Institute）は外国語を習得するために必要な学習時間として、英語のネイティブ・スピーカーが日本語を仕事で使用できるまでに必要な学習時間は２２００時間が必要だとしています[67]。

マクスウェル・モルツの21日説が曲解されて習慣化には約３週間かかるという伝聞が広がりましたが、フィリパ・ラリー（Phillippa Lally）らはより詳細に習慣化の過程を調べました。様々な行動がどのくらい自動的に行われるようになるかという習慣が形成される過程を調査し、その結果、毎日１杯の水を飲むような簡単な習慣は平均66日で、毎日50回腹筋をするのには約３カ月かかり、対象とする種類によって18日から２５４日が習慣化に要し、対象によって習慣化する日数が異なることを発表しました（図５―１）[68]。

同じ種類の行動でも人により習慣が形成される時間には違いがあり、習慣化には個人的な差があることや、１日だけサボるのは習慣化を妨げない、完璧にこだわるよりは大まかでも持続することが習慣化に繋がることなども解ってきています。脳科学者の岩崎一郎は車の運転には200回以上の繰返しが必要だとしています。「運転を始めた初期は脳の意志力に関わる部位と運動を引き起こす部位が活性化しますが、200回繰返し行動すると意志力に関わる部位が活性化されることがなく運動を引き起こす部位だけが活性化するようになります。これが200回繰り返すと行動が習慣化するという根拠になっています。早起きすることが習慣化していないと『さあ起きるぞ！』と意志力を高めていなければ行動できませんが、早起きを200回繰り返して習慣化されると意思が働かなくても行動ができるようになります[69]」。200回以上継続するためには始めようとする意思と意思の習慣化が必要です。習慣は何らかのきっかけで生じた行動がルーティン化され、ルーティン化された行動が快となり脳の報酬系を刺激して持続化されて形成されます。

医学博士の田中和秀は脳の報酬系に関して「脳は気持ちいいと感じたことを繰り返すようにプログラムされている。気持ちいいと感じた時、脳内ではドーパミンという神経伝達物質が放出される。水を飲んで渇きを潤すような基本的な欲求であっても高次元の喜びであってもそれが満たされた時に人間の脳内で起きる現象です」と説明しています[70]。

篠原菊紀も「無意識的な行動と快感が知らない間に結びついてるからこそ『気がつくと○○をしてしまう』とか『なんとなく○○の方に気がいってしまう』という無意識的な行動が起きやすくなり、線条核を中核とする回路がやる気の回路になる。また、腹側線条体の側坐核に扁桃体・海馬からドーパミン神経系からの入力が行われ行動の強化や消去が行われます。扁桃体が興奮するような事柄は、海馬への情報ゲートを開き記憶効率を高めます。だから、強く好きなこと、強く嫌いなことは強く記憶できるのです。記憶は意識に上がらなければ忘れ去られます。短期記憶は注視、報酬、情動等に支えられた場合に長期記憶として海馬に固定されます。このうち「情動」にかかわるのが扁桃体と海馬です。大脳新皮質からの感覚情報と海馬からの記憶情報を照合して情動の評価が行われ、その表現として何らかの行動が生じます。情動は快・不快、怒り、恐怖、喜びなどの本能的な感情とそれと同時に心拍数や血圧の上昇等の身体反応と顔や筋肉が緊張する等の行動をともないます」と習慣化を快と記憶の機能から説明しています(前述注61)。

報酬系は物事をポジティブに思考することで活性化します。池谷裕二はポジティブな考え方が姿勢だけによっても促進させるというパブロ・ブリニョール博士らの実験を紹介しています。学生達に「将来仕事をするにあたって、自分の良いところと悪いところを書き出してください」というアンケートを書かせる際に、背筋を伸ばして座った姿勢で書いた学生と背中を丸めて座った姿勢で書いた学生の内容を比較した結果、背筋を伸ばした姿勢で書いた学生の方が自己肯定感が高いことが解りました。姿勢を変えるだけで自己への自信の度合いが変化するという実証実験です(71)。このように脳を身体面でも意志面でもポジティブな状態にしながら報酬系を刺激することで行動習慣の形成が促進されます。

これまで見てきたように多くの習慣は意識されないたまたまの偶然から始まりますが、人は自分の習慣に意図を推測して理由を探し出そうとします。公園を毎回同じコースを散歩する人が「何故そのコースを歩くのか」と質問されて「そこに綺麗な白い木蓮があるから」と答えたとしても、実際は初めての散歩でたまたまそのコースを歩いただけで翌日から変更しなかった、ということはよくあることです。アルバート・バラバシ（Albert-László Barabási）らは携帯電話の使用者がいつ何処にいたかというデータを5万人の使用履歴を3カ月にわたり調査した結果、日常生活の80％以上の行動が決まった習慣に従っていることを見いだしました。「私たちは意識上では極めて自由に行動しているつもりであっても、現実には本人さえ自覚できない行動のクセがあって知らず知らずに常道化した行動をしています。ヒトには変化や自発性への強い願望があるが、現実の生活は強い規則性に支配されている」と述べています（前述『脳には妙なクセがある』からの紹介[72]）。この調査から、人は意識上では自由に行動しているつもりであっても現実には自分でも自覚していないパターン化した行動を取っていることが示されました。一旦、確立された習慣が人々の行動を支配する傾向は強く、別な行動を取ろうと思ってもなかなか変更できません。状況が安定していればいるほど毎回同じような行動が出現します。人は自分のことは自分の意志で決めたいという思いが強い動物ですので、何気なくでき上がった習慣の理由を尋ねられるとその理由を探したくなります。心理学ではこの機能を自我同一性が働くからだと説明されます。バンデューラ（Albert Bandura）は「無意識に行った行動や偶然に習慣化された行動に対して『それは自分の好みや価値観と一致しているからだ』と思おうとする自己認知機能が働く」という認知的不協和理論で説明しています[73]。マーケティング心理学でも好きだから買うのではなく買ったから好きなのであり、嫌いだから買わないのではなく買わなかったから嫌いだという行動が研究されています。脳科学においても脳機能イメージング法（ｆＭＲＩ）により「認知的不協和による行動は帯状回前部や前頭前野背外側部という脳部位の活動による」ことが確認されています（左記、「補足参考」）。

（補足参考）ｆＭＲＩによる認知的不協和理論の確認(74)

玉川大学脳科学研究所の出馬圭世と松元健二らは心理学の認知的不協和理論を脳機能イメージング法（ｆＭＲＩ）で実証しました。「認知的な葛藤により食べ物の好みが変化する」というテーマで実験し、これまでは好みの変化は質問紙などの自己報告法に基づいた本人の申告による研究だけでしたがそれを脳の活動として確認しました。

・実験方法

（好み課題1）男女20名に160種類の食べ物に対する好みを回答させてその際の脳活動を磁気共鳴画像撮影装置（ｆＭＲＩ）により測定。

（選択課題）次に、自分が好きだと回答した食べ物から2種類を選び出し、どちらがより好きか選ぶように指示。

（好み課題2）最後に、最初と同じ160個の食べ物をもう一度提示され再び好みを回答した。その際に、選択課題において参加者がそれを選んだか選ばなかったかも提示。

選択課題において、参加者は好きなもの2つのうちから1つを選ぶため、自分の好きな食べ物の1つをあきらめなければならないことになる。好み課題1と好み課題2で、その食べ物に対する脳活動がどう変化するかをfMRIにより測定。

好み課題2においては、自分の好みと過去の行動との矛盾（認知的不協和）を知覚させるために、参加者の過去の行動も食べ物と同時に提示。

例えば、選択課題ではドーナツもプリンも好きだと選んだが、好み課題2で、一方を選択しなければいけないためプリンを選んだらドーナツをあきらめる。

「好きなものをあきらめた（選ばなかった）」ということにより「認知的不協和」が喚起される。それを好みに与える影響をfMRIにより測定。

・実験結果

参加者が好きな食べ物をあきらめた後は、その食べ物に対する好みの評定値が減少することが確認された。自己報告の結果だけでなく線条体と呼ばれる脳部位の活動も好みの評定値に伴って減少することが明らかとなった。線条体は報酬や快刺激に対して活動することが知られており、その活動の程度は様々な刺激に対する主観的な好みを反映している。つまり、この結果は好きな食べ物をあきらめるという行為は、表面的な自己報告による好みの評定値だけではなく、実際の好みを変化させるということを示唆している。

（補足参考）認知的不協和理論（cognitive dissonance）とは[75]

認知的不協和とは人が自身の認知とは別の矛盾する認知を抱えた状態のときに覚える不快感を表す社会心理学用語です。認知的不快感を解消するために、矛盾する認知の定義の変更や過小評価により、自身の態度や行動を変更することを指す。

認知的不協和理論は「高い木の枝にある美味しそうなブドウを見つけたキツネが手が届かずにブドウを取れなかった時に『どうせあのブドウは酸っぱくて不味い』と認知を変更して自己の行動を正当化した」というイソップ童話の『酸っぱいブドウ』の逸話を基に展開された心的機能です。レオン・フェスティンガー（Leon Festinger）によって提唱されアルバート・バンデューラ（Albert Bandur）によって学習理論として集大成され、多くの心理的説明で使用されています。

そもそも脳とは神経系の一部分であり高度な情報処理中枢の集合体です。人間を含めた動物は動く生き物ですから感覚器官を通して集められた情報を基に、状況に反応して運動神経系を活性化して行動します。感覚系や運動系が複雑になり多くの情報と複雑な行動をコントロールするために神経系の塊ができて現在の人間の脳へと進化したと考えられています。ほとんどの行動は環境や状況に刺激されて生じた情動を起因とした意識に上がらない自動行動ですが、複雑な状況や環境（特に社会生活環境）をコントロールしようとして意識が生まれてきたと考えられています。意識的な行動の起源の1つは道具を使うことにあったかもしれません。道具の使用には目と手が主役になりますがそれは系統

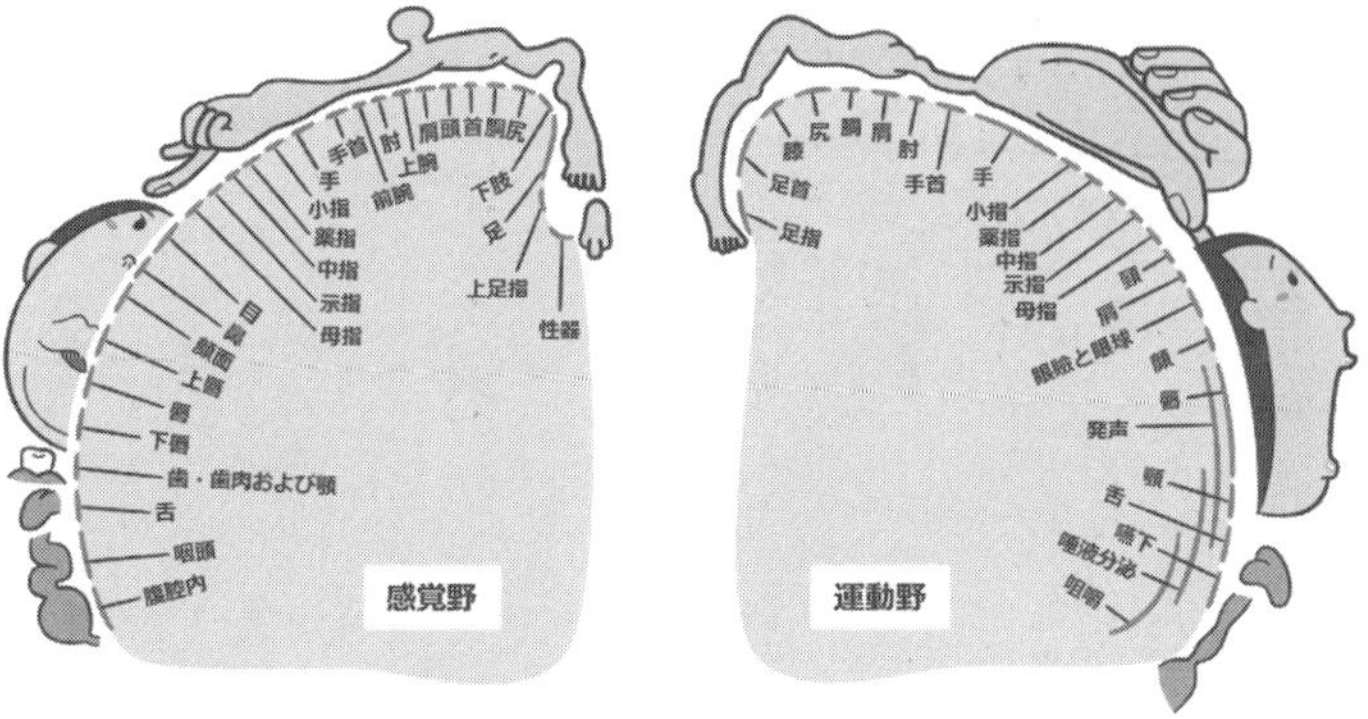

出典：看護師の用語辞典｜看護 roo!［カンゴルー］（kango-roo.com）。

図 5-2　脳地図ホムンクルス

的進化の比較によっても裏づけられています。目は顔の横から正面へ手が見える位置へと移動しました。ペンフィールド（Wilder Graves Penfield）の脳機能の地図（ホムンクルス：Homunculus）に示されているように脳神経においても目と手に関する機能に脳の多くの領野が割り当てられています[76]（図5—2）。

身体による環境への直接的な接触から、道具という介在物により生じた複雑な行動をコントロールするために意思や意図という意識が生まれ、環境への無意識的な対応から道具により環境を変えようとする意識的な行動が主体となり、意識を持つ脳が発達したと思われます。意識は身体内部から外へと向かうという指向性を持っており、状況への対応の多様な選択肢の中から意図的な選択を可能にします。「意識は無意識から出現し、それによって定義される。意識は無意識の出来事を理解する自由を与えてくれる」とは多くの研究者が示唆していることです[77]。アントニオ・ダマシオ（Antonio Damasio）は『デカルトの誤り』

で脳神経と行動と心の関係を詳述しています。「ニューロンには三つの重要な構成要素がある。細胞体、主要な出力線維である軸索、そして入力線維（樹状突起）だ。ニューロンが活性化すると、ある電気的な流れが軸索に伝播する。この流れが活動電位でそれがシナプスに届くと神経伝達物質として知られている化学物質の放出が起こる。つぎにその神経伝達物質がレセプターに作用する。1つの興奮性のニューロンにおいてはシナプスが近接しかつ伝達物質を放出する可能性のある他の多くのニューロンの協調的な相互作用によって、つぎのニューロンが発火するかどうかが決まる。…脳と身体は両者をターゲットにしている生化学的回路と神経回路により分割不可能なまでに統合されている。この相互結合の中心的ルートは2つある。1つ目のルートは身体各部から脳へ、そして脳から身体各部へと信号を送っている感覚と運動の末梢神経である。もう1つのルートは血流だ。血流はホルモン、神経伝達物質、調整物質といった化学的信号を運搬している。脳‐身体の緊密な協力関係で構成されている有機体は一個の総体として環境全体と相互作用する。しかしわれわれ人間のような複雑な有機体は単に環境と相互作用するだけの反作用的な外的反応を生み出しているだけではなく、内的反応も生み出しそのうちのいくつかはイメージ（視覚的、聴覚的、体性感覚的等々のイメージ）を構成している。私はそれが心の基盤ではないかと考えている。…多くの単純な有機体が、そして一個の細胞からなる脳のない有機体さえ、自発的に、または環境中の刺激に反応して活動する。つまり、それらは行動を生み出している。有機体においては自発的なものであれ反作用的なものであれ活動は脳からの指令によってもたらされている。脳の指令による活動のすべてが熟考によりもたらされているわけではない。それどころか脳に起因する活動のほとんどは少しも熟考されていないと言ってさしつかえない。それらは単純な反応である。反射作用はその一例であり1つのニューロンにより伝達された刺激が別のニューロンの活動を生み出している。脳が心を持つには本質的な条件が必要であり、その条件とは内的にイメージを提示し「思考」と呼ばれるプロセスの中でそれらのイメージを順序良く入れるする能力である。心を持つということは、イメージになり得る、思考と呼ばれるプロセスの中で操作し得る、そして、将来を予測させ、それに従って計画させ、つぎなる動作を選択させることで最終的に行動に影響を及ぼし得る、そんな神経的表象を有機体が形成することを意味している。脳の全般的機能は脳以外の身体－つまり純身体－で進行している。身体と脳が強く相互作用していれば、それらが形成する有機体はその環境とも同じように強く相互作用する。両者の関係をとりなしているのはその有機体の運動と感覚の装置である」。「脳の五つの主要な感覚インプット部位と三つの主要なアウトプット部位のあいだには、連合皮質、大脳基底核、視床、辺縁皮質と辺縁核、脳幹、小脳がある。この情報と管理の「機関」、つまり、このステムの大集合体は、身体や外界に関する、そして身体や外界と相互作用するときの脳のそれ自体に関する、生得的ならびに後天的知識を保持している。そしてその知識が、運動のアウトプットと心的アウトプット－われわれの思考を構成するイメージ－を展開、操作するのにつかわれている。私は事実とその事実を操作するための戦略の貯蔵庫が、脳の様々な部位に「形成的表象」（略して「傾性」）という形で、いわば冬眠状態、休止状態で保存されていると考えている[78]」。

このように脳が心を作り出すためにはイメージを形成するための思考が必要だと説かれ、その思考は「個体を維持する自己」と「今・ここでの意識を伴う自己」、及び、「過去から未来まで含んだ記憶のある自己」の3階層があると研究し、それぞれを『原自己（proto-self）』『中核自己（core-self）』『自伝的自己（autobiographical-self）』と名付けました。

行動は情動を起因としていることを見てきましたが、情動は絶えず変化する外部環境から生じるだけではなく、ダマシオの研究により、身体の恒常性維持（homeostasis：ホメオスタシス）の機能である内部環境からも生じることが解りました。情動が一定の強さと長さを得ることにより意識化されて感情として認知され、その情動や感情が行動を作ります。行動が習慣化されると行動特性という一定の行動傾向が生じ、また形成された行動特性が意識的にも無意識的にも瞬間瞬間の個々の行動を選択させています。

（補足参考）感覚の意識化について、精神物理学の研究(79)

感覚がどの程度の強さや頻度で知覚されるかはウェーバー（E. H. Weber）やフェヒナー（G. T. Fechner）の感覚に関する精神物理学の研究が参考になります。精神物理学は外的な刺激と内的な感覚の対応関係を定量的な計測で測定しようとする学問で、ウェーバーの刺激閾や弁別閾に関する研究をもとに創始されました。

閾（threshold）とは、ある感覚が生じたり刺激の差異を感じたりするときの物理的な刺激量のことで、閾には弁別閾と刺激閾（絶対閾）があります。弁別閾（differential threshold）は刺激の強さ（量）の違いを感じる取るために必要な最小限の刺激の量の違いを指し、刺激閾（絶対閾：absolute threshold）はある刺激が生じるのに必要な最小限の刺激の量のことを指します。ウェーバーは人の知覚における刺激の強さと弁別閾の関係性を研究し左記のウェーバーの法則を生み出しました。

ウェーバーの法則：ΔI（弁別閾）／I（刺激量）＝K（定数）（Kをウェーバー比と呼びます）

フェヒナーはウェーバーの法則を発展させ『E=klogI+C』というフェヒナーの法則により、成覚量は刺激強度の対数に比例することを数式化しました（Eは感覚量をIは刺激強度を現します）。また、同じ情報が脳に連続して入ってくると脳の神経細胞どうしを繋ぐ信号を速めて伝達性と持続性を向上させるという長期増強（LTP：Long-term Potentiation）が生じることも研究されています。

（補足参考）意識に関して　インド哲学における『阿頼耶識』

阿頼耶識《あらやしき》は古代インドのアーリア語に属するサンスクリット（Sanskrit）語で、西洋哲学や心理学での無意識に相当する心の機能です。サンスクリット哲学では六根（眼・耳・鼻・舌・身・意）によって六境（色・声・香・味・触・法）が生じ、眼識、耳識、鼻識、舌識、身識の五識《ごしき》と過去・現在・未来の対象に向かってはたらく機能である意識の6識を認識の機能として考えました。更に、末那識《まなしき》という認識を評価する機能と阿頼耶識という感覚や認識に上がる前の無意識の機能を加えて、全体で8識の認識体系が組み立てられていました[80]』（図5—3）。

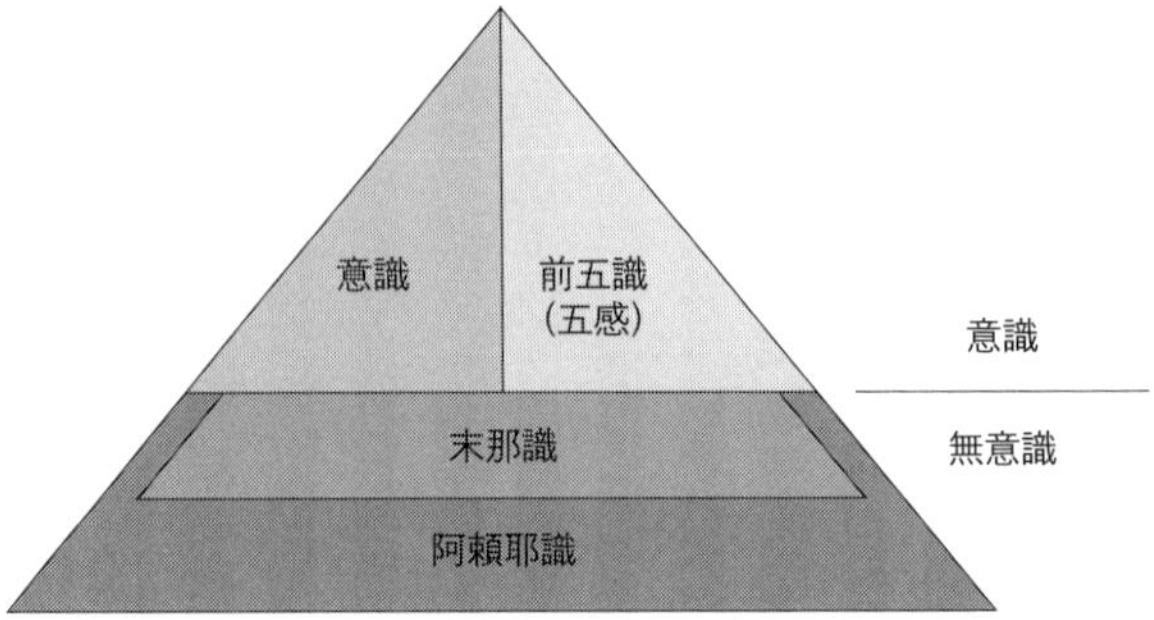

出典：『フリー百科事典ウィキペディア阿頼耶識』https://ja.wikipedia.org/wiki/%E9%98%BF%E9%A0%BC%E8%80%B6%E8%AD%98

図 5-3　インド哲学の認識論の総体

個体を特徴づけるドーパミン、セロトニンなどの神経伝達物質や脳内ホルモンの量や分泌は個々人の遺伝情報（genetic information）やエピジェネティクス（epigenetics）により相違があり、それが個々人の情動に相違を生じさせ、また情動が感情として意識化される過程も個々人の生育環境によって大きな相違を生じさせます。似たような環境下でも情動や意識化の過程の違いにより、どんな行動が選択され、どんな行動が選択されないのかは人様々に違います。行動はすべて環境の中で生じます。三木清は「すべて生命あるものは環境のうちにある。それは環境によって規定されると共に、常に環境を規定する。

個体は単に環境に適応するのみではなく、同時に自己自身に適応することによって、言い換えると自己自身を模倣することによって個性でありえる。習慣は常に存在の自己自身に対する適応である」と語り[81]、小林秀雄は「雲が雨を作り雨が雲を作るように、環境は人を作り人は環境を作る」と述べています。[82] ハイデガー（Martin Heidegger）

やメルロ＝ポンティ（Maurice Merleau-Ponty）が現象学的人間学で示唆しているように人間は〈世界内存在〉であり、身体は世界へと帰属しており、身体が世界と出会って自らを現出せしめて自我や自己意識が生まれてきます[83]。また、情動や感情は個人特有のものですが、人間の存在は共生的なものですから、意識や意思は原初的に共主観性です。１人では主観、２人では相互主観、３人以上で共主観（世界的主観）が主観の諸相となりますが、注意すべきことは、意識や意志はあくまで脳の活動の結果であって原因ではなく、自由意志は環境と身体の関係で決まるということです。

行動が意識に先立つということはヘインズ（J. D. Haynes）らの実験からも確認できます。「K、t、d、q、v…とモニターにアルファベットが無秩序に０・５秒ずつのペースで流れており、好きな文字がきたらボタンを押してもらう、という実験において『qという文字が出てきたときにボタンを押したくなった』という被験者の脳の活動を見ると、本人が『押したいという意志』が生じる前に、脳は無意識レベルで『行動の指令』を出していたことが解りました。押したくなるという意識や意思の平均７秒（早ければ10秒）も前から脳は行動の開始の準備をしていることが観察されました。意思の前に運動野と呼ばれる脳部位によりボタンを押すという運動（手や腕の筋脳を肉の動き）が準備され、その後に押したいという感情が生まれていたのです。脳活動を観察すれば『あなたは10秒後にボタンを押したくなる』と意志の発生を予告できる」という研究です[84]。ベンジャミン・リベット（Benjamin Libet）も脳の運動野の活動が意思の前に生じており、脳内で生じる無意識的な過程が意志的な動作を開始させることを脳波計を用いた実験で確認し、自由意志は動作の開始の役割をしていないことを実証しました[85][86]。

但し、自分の意志で選んだという「意識的な感覚」は存在します。その感覚はどこからくるのでしょうか。人間は何事にも理由があると思う動物です。特に自分自身に関することには強いこだわりを持ちます。自分は自分であるという自我同一性に基づく主体感はとても強い感覚です。精神病理学では自分は自分であり他者ではないという『自己の同一性』、自分が行ったことの結果と原因は自分にあるという『自己の帰属性（斉一性）』、及び、昨日の自分と今日の自分は同じ自分であるという『自己の連続性』という自己認識の3様態により自我同一性が成立すると言われます[87]。情動や感情は行動として現れ、現れた行動は自己の同一性や帰属性を基に意識化されて自己の行動の意味が解釈されます。解釈は個人の内部にあり主観的なものですが行動は客観的な事実として現存します。守一雄は「殆どの行動は無意識に生じますがその行動が引き起こされた状況を踏まえて行動を意識化することによりその認知のパターンを理解でき、その認知に基づいて行動を選択することが認知行動心理学の研究である。人間の認知活動を心的表象のレベルで説明することが認知心理学のテーマである」と述べ[88]、行動の観察と分析により心を理解する可能性を示しています。ここでいう心とは心身二元論の心ではなく、身体と一体化した心であり、意識化された心だけではなく情動やクオリアを含めた心を指しています。行動特性は習慣化された情動や感情や思考の総体ですから、それを分析することにより自己への理解が深まります。

今ここでの瞬間的な行動のほとんどは無意識的に行われますが、振り返りという注意を向けること

かかわらず過去の行動パターンに縛られると適応力が鈍ってしまい自己疎外が生じてしまいます。

人間の行動は昨日と今日、今月と来月、今年と来年で変化します。「今・ここで」選択された行動の積み重ねが環境や状況に対応するための能力となり、発揮された能力が経験となり、その経験が更なる行動特性を形成していきます。人間は多様性と可能性を秘めた存在で、現在の自分の姿に似せて未来の自分を作っていく生き物です。未来は常に現在によって作られ現在の行動が未来の行動を形成し、環境の変化にどのように適応していくかということが自己形成となります。川の流れを説明するのにその流れの水の1つ1つを語っても流れ全体の説明にはならないことはゲシュタルト心理学(Gestalt Psychology）で追求されたテーマですが、行動も単発的に見るのではなく行動の変化の軌跡を観ることにより、その人の全体としての行動プロフィールが見えてきます。

「事実はすべて個体的であり従って時間的に規定されている。現象を現象が自らを与えるがままに受け取らねばならない」と現象学で言われたように、常に状況（環境）とのセットで規定されている「今ここで生じている行動」も純粋に受け取り分析することでそれが生じた起因が見えてきます。行動という現象をありのままに受け取り、意識の指向性で認識し、行動の背景にある情動や感情や意思を探求することが行動特性の研究テーマとなります。意識は具象物に出合い自からを語り出しますが、表面的な意識内容にのみ固執していると大切なことが見えなくなります。「日常生活の俗事の問題を何か非常に重要なことでもあるかのように考えて、その結果、より高い内的生命やより純粋な精神的なことを持たなくなる」とヘーゲル（Georg Wilhelm Friedrich Hegel）は注意喚起しています。[93] ストレス理論を確立したセリア（Hans Selye）も「人生は俗事の積み重ねである。俗事は必要条件だが俗事だけに縛りつけられ変化しないことが自己疎外の原因となる。その人がどんな人なのかを考える場合に会社はどこなのか大学はどこか金持ちか貧乏かなどで判断しようとする。本当はその人がどんな考え方をしていてどんな心でどんな哲学を持っているのかが重要なのに着ている服や持物で判断する。服装も持物も大事。なぜなら俗事は大事だから。しかし俗事が大事なのはその俗事をどの様に生きているのか、俗事に取り組む姿勢が大切なのだ。どの様にものにこだわるのか、何故こだわらざるを得ないのか、どこにどのように取り組むのか」という意識の指向をどこに向けるのかの重要性を強調しています。[94]

第6章　行動特性の測定　心理テスト

行動特性とは習慣化された行動傾向で行動特性を良いとか悪いとかという評価的に捉えるものではなく、どのよう活用するかという観点が重要です。例えば、変化や新しいことを求める行動が多い人は『変化性』という行動特性が高いと判定されますが、この特性が高ければ良いとか低いからダメだということはなく、変化性の高い人が『既存のやり方に縛られず新しいことに積極的にチャレンジする』という行動を取るとその特性をプラスに発揮したことになりますが『新しいことばかりに目移りして持続性や継続性がない』という行動を取るとマイナスの行動になってしまいます。同じように、変化性という行動特性が低い人が『変化や新しいことに目移りせずに質の高いことを安定して継続する』とその特性をプラスに発揮した行動になりますが『同じことだけを繰り返し、新しいことにチャレンジしない』という行動をした場合はマイナスの行動になります。

自己の行動特性をどのように自己成長や自己肯定に繋げていくかということが行動特性の活用に大切な点です。行動特性は固定したものではなく、自分自身に新たな行動を課すことで変化させることが可能です。また、行動特性と能力には密接な関係があります。能力とは行動の組み合わせで発揮されるものですから、行動特性の変化により能力の向上が図れます。能力と性格との相関は低く、行動との相関関係が高いことは多くの学習心理学で広く認められている知見です。例えば、試験勉強やトレーニングに必要な『持続力』を高めたい場合には、持続力という能力を構成している徹底性（途中でやめずに持続する行動）や目的性（目的の達成に向かう行動）や秩序性（規則的で順序だった行動）という行動特性を高めることで可能になります。その他の例として、対人関係の構築に必要な傾聴力と自己開示力という能力と行動特性の例を挙げておきます。

・傾聴力（相手の言葉を遮らず最後まで聞き取る力）は親和性（相手に関心を持ち関わる行動）、柔軟性（相手の感情や価値観を受容する行動）、及び、徹底性（途中でやめずに最後まで持続する行動）などの行動特性によって構成されています。

・自己開示力（自分の感情や思いを素直に伝える力）は顕示性（自分のことを見せたい、見てもらいたいという行動）、主張性（自分の感情や考えを言葉に出す行動）、及び、集団性（ひとりでいるよりも誰かと一緒にいる、誰かと一緒に行う行動）などの行動特性によって構成されています。

種々の場面で必要とされる能力は多種多様にありますが、社会生活やビジネスで必要とされる基礎的な能力を測定するためには、その能力を構成している行動特性を測定することで可能となります。

行動特性研究所(95)では対人コミュニケーション能力、問題解決能力、グローバルで活躍するための能力、及び、リーダーシップ能力を測定するために行動特性を20指標設定していますので紹介します。

行動特性20指標（行動特性研究所で設定している行動特性）

A（人や状況との関係性に関する行動特性）

目的性　感情や状況に流されることなく、目標や課題の達成を優先する行動
懐疑性　言葉や情報の表面をうのみにせず、背景や真意を追求する行動
柔軟性　自分の思いや考えにコダワリが少なく、ものごとを柔軟に受け容れる行動
主張性　相手や集団に対し、積極的に自分の感情や意思を表現する行動
親和性　目的の達成よりも、相手や集団の気持ちや感情に関わる行動

B（環境やできごとへの対応に関する行動特性）

計画性　一日、一カ月、半年の計画やスケジュールを立てる行動
徹底性　完璧さを求め、細部にまでこだわる行動
常識性　集団や世の中の常識を重視し、常識に基づく行動
発想性　既存のやり方よりも、自分のアイディアや独創性を優先する行動
直感性　迷いが少なく、ものごとを素早く判断して実施する行動

C（自己の存在の表現に関する行動特性）
顕示性　相手や集団からの注目や評価を求め、自己を積極的に表現する行動
集団性　一人よりも複数で居ることを優先し、集団とのつながりを求める行動
迅速性　機敏性が高く、スピードを優先する行動
単独性　集団でいるよりも一人でいることを求め、単独で行う行動
秩序性　ルールや規律を重視し、乱雑な状態よりも秩序を求める行動

D（認知の傾向に関する行動特性）
変化性　同じことの繰り返しよりも、新しいことや変化を求める行動
楽観性　不安や心配をすることが少なく、楽観的な思いに基づく行動
安定性　変化よりも安定を優先し、持続力が高く、安全を求める行動
自律性　目標や方針を決め、自分で決めた方法で実施する行動
自己効力性　自分が関わったことに対して自信をもって臨む行動

行動特性の20指標による能力向上の活用事例は第Ⅲ部で触れますが、ここでは行動特性を解読する際の3つの留意点を挙げておきます。1つ目は行動特性を1つの指標だけで理解しようとせず、複数の指標を組み合わせて読み解くことが重要だということです。単独の指標だけではなく2、3指標を

組み合わせて解読することにより全体としての行動プロフィールが見えてきます。例えば「目的や課題を達成しようとする行動」である『目的性』という行動特性と「感情や思いを言葉に出す」という『主張性』の両方の行動特性が高い人は「達成方法や気持ちを言葉に出して目標や課題を達成する行動が多い」という行動プロフィールになりますが、『目的性』は高いが『主張性』が低い人は「自らの発信は少なく、黙々と目標を達成しようとする」という行動プロフィールになります。あるいは『変化性』と『柔軟性』と『計画性』が高い人は「新しいことや変化を求め、それを計画を立てて、柔軟に進める」という行動が多くなり、『変化性』と『柔軟性』は高いが『計画性』が低い人は「新しいことや変化を求めるが、計画的ではなく直観的に進める」という行動プロフィールになります。

2つ目の留意点は行動特性を良いとか悪いという評価的に使用しないことです。行動特性は行動の個性ですので、その個性をどのように発揮するかという視点で使用することが重要です。また、行動特性が低いということは『その行動ができない』ということではなく『その行動が出現しにくい』ことを現わしています。低い行動特性は意識していない時にはその行動が出現しませんが意識すれば行うことは可能です。例えば『計画性』という行動特性が低い人は「計画を立ててそれを書き出す」という行動が少ないことを現しますが「今は計画をしっかり立てよう」と意識すれば行うことは可能です。第3章で行動には意識的な行動と無意識的な自動行動があり殆どの行動は無意識の習慣化された行動であることを見てきました。低い行動特性は日常の意識していない時にはその行動の出現が少ないことを現していますが、意識することよりその行動を高めることは可能です。

新しい行動を意識的に行いそれが積み重なると、その行動が習慣化されて行動特性が変化します。新たな環境に適応するために、あるいは能力を高めるために、意図的に自己の行動特性の変化に取り組むことで行動特性の変化が促進されます。心理学や脳科学ではこの過程を学習と呼んでいます。成果とは能力を発揮した結果としての生産物ですから『成果（達成）＝能力の発揮＝能力を構成している行動特性の発揮』という関係が成り立ちます。行動特性は行動の個性ですので、自己の行動特性を理解することにより、個性を活かした方法で能力の向上を図れることが行動特性の活用メリットになります。

3つ目は行動特性の測定結果と自己イメージ（自己像）とのギャップが生じたときの留意点です。「自分はこういった行動をするだろう」という自己イメージと「実際に行っている行動」とのギャップは往々にして生じています。例えば、「私は傾聴力が高く、人の話を聞いている」という自己イメージを持っていても、実際の行動が「話の内容は分かったので、最後まで聞かずに途中から自分の意見を言う」といった行動が多ければ傾聴力という能力は低いことになります。「親和性」や「徹底性」という傾聴力を構成している行動特性を客観的にチェックすることが自己イメージとのギャップに気づくきっかけとなります。

人は相手の行動を見てその人がどんな人なのかを推測します。頭の中にある自己イメージと実際に行っている行動とのギャップが対人関係に齟齬を生じさせることはよくあることです。

行動特性の測定『心理テスト』

行動特性の測定には直接的なアンケート方式、他者による観察、及び、間接的な心理テスト方式があります。アンケート（質問紙）方式とは、例えば「人前で話すことが好きですか or 初対面の人と素直に話すことができますか」などの設問に対して「1（全くちがう or できない）～5（その通りだ or できる）」と回答してもらい、その集計により特性を測定する方法ですが、この方式には3つの問題点があります。

1つ目は『できるとか好きだ』というのは自己の評価であり、それは自己意識ですから、測定しているのは事実ではなく本人の意識になってしまう点です。自己評価というのは主観的なものですから客観性がなく、客観性のない数値は科学的な検証ができません。2つ目の問題点は意識と実際の行動には乖離があるという点です。先述しましたが、自己の行動イメージという自己認識と実際の行動には往々にしてギャップがあります。自分自身では『やっている、できている』と思っていても実際には実行していないことはよくあることです。例えば「一人でいるよりも誰かと一緒にいる行動が多いので、集団性という行動特性が高い」という自己認識を持っていても、実際には一人でランチをしたり、一人で音楽を聴いている行動が多いければ「集団性という行動特性は低く、単独性という行動特性が高い」となります。行動特性とは思いや意欲ではなく実際に出現している行動ですので、思いや意識を測っても行動特性を測定したことになりません。3つ目は反応歪曲という問題です。反応歪曲とは『自分のことを良く見せたい、相手に良く見てもらいたい』という思いから本来の自分自身を現わす素直な回答ではなく、相手に好まれそうな回答を意図的にすることです。例えば『初対面の人に積極的に話しかけることができますか』という設問に対して、本来は話しかけることは少ないにもかかわらず、主張力が高い方が良い評価を得られるだろうと考えて『できます』と回答することを指します。特に、企業などの利益集団で実施される場面ではこのような回答が出現しやすく『社会的望ましさ（Social desirability）』とも呼ばれます。

アンケート方式による直接回答形式では客観性が欠如しますので、第3者による観察法や面接法で行動特性を調べるケースがあります。観察法には日常の実態をありのままに観察する「自然観察法」と構成的に統制された状況で特定の行動を観察する「実験観察法」があります。観察法や面接法は被験者の主観を排除することができますが「観察者バイアスが生じやすい、観察者の能力に左右される、一度に少人数にしか調査対象にできない、時間と費用がかかる」などの問題が生じます。このような回答者の主観や評価者のバイアスを避けるために、心理テストが開発されています。心理テストは論理的に構成された間接的な設問を用いて個人の諸特性を測定して評価する技法で、医療領域では病理検査として開発され、司法領域では鑑別や鑑定として開発され、教育や育成では知能、能力、性格、人格などの特性を測定するために開発されてきました。現在使用されている心理テストを検査目的で大きく分けると2種類があります。

①　能力を測定する検査：発達検査・知能検査・学力検査・創造性検査・運動能力検査など

代表的な能力検査としてはビネー（A. Binet）によって開発された知能検査で『精神年齢（ＨＡ）／生活年齢（ＣＡ）×１００』で算出されたＩＱ（Intelligence Quotient）を測定して教育や学習に使用されています。[96]

②　特性や反応傾向などを測定する検査：性格検査、社会性・道徳性の検査、職業適性検査など特性や反応傾向等の検査には『矢田部・ギルフォード（ＹＧ）性格検査』『ＭＭＰＩ（ミネソタ多面人格目録）』『モーズレイ性格検査（ＭＰＩ）』などがありパーソナリティの特性や傾向を分析して社会適応などの支援に使用されています。

（補足参考①）心理テスト（構成的な心理テストと非構成的な心理テスト）

心理テストには構成的なものと非構成的なものがあります。構成的な心理テストとは、あらかじめ設定されている質問に対して『Yes, No』あるいは『そう思う、そう思わない』のように回答する形式のテストです。非構成的な心理テストとは写真や図を見せて『その時にどんな気持ちになりましたか、どんな印象を持ちましたか』と本人が自由に答える自由連想方式や絵を描くとか粘土で何かを作るといった作業方式により測定するテストです。

非構成的な特性・反応検査にはロールシャッハ・テスト、ＴＡＴ（絵画統覚検査）、バウムテスト、ＳＣＴ（文章完成法）などがあり、曖昧で多義的で多様性がある図形等の刺激材料を被検者に見せて、本人が見たり感じたりしたことをそのままに表現してもらいその表現内容（反応）を基に検査する技法で、投影法（projective technique）と呼ばれます。検査の反応内容、反応時間、反応の仕方等を観察して被験者の感情状態や思考過程を理解する目的で行われます。但し、研究者により解釈がまちまちで共通の評価に至らないことが多く、心理テストとしての信頼性や妥当性を疑問視する研究者も多くいます。そのため現在は構成的な心理テストの方が多く使用されています。

（補足参考②）非構成的な心理テスト「バウムテスト」に関して[97]

バウムテストは1945年にスイスの心理学者カール・コッホ（Karl Koch）が開発した投影法による心理検査です。検査を受ける人に白い画用紙と鉛筆と消しゴムを渡し「実のなる木を描いて下さい」という指示をだして自由に描いてもらい、その木の全体像、葉や実や幹や枝、スペースや風景などからその人のパーソナリティを分析する方法です。下記にバウムテストの読み取り方を記載します。

【木を見る視点】
下から見上げた樹：謙虚、願望
上から見下ろす樹：自信過剰
【木の大きさ】
大きな木の場合：自信、積極的
普通の大きさの木の場合：バランス、協調性

木が小さく低位：自信のなさ、消極的

【木の位置】

紙の真ん中：情緒が安定

紙の右側：自己肯定感が強い、他者支配

紙の右上：計画的、慎重

紙の右下：自己愛（ナルシスト）

紙の左側：現実逃避、内向的

紙の左上：空想家、引きこもりがち

紙の左下：過去に囚われ、将来不安

紙の上側：飽きっぽい、空想的

紙の下側：現実主義、実直、堅実

【木】木は無意識の自画像が表れる、近しい関係の人を表現

左右対称な木：抑うつ的、自尊心低下、不安

左右非対称で崩れた木：気分が不安定、いら立ち

木が2本：自身の過去への苦々しさ

木が3本以上：自分の価値観が揺らぎ、選べない

木が描かれていない：秘密主義、殻に閉じこもっている

右から風が吹いている木：社会的、外的圧力にがんじがらめ

左から風が吹いている木：無理にやらされている

【幹】幹は本来持っている生命力を表す
幹がまっすぐ：頑固で意地っ張り、負けず嫌い
幹が右曲がり：断れない、お人よし、人から嫌われたくない
幹が左曲がり：引きこもり、人と打ち解けない
幹が太い：元気、生命力にあふれている
幹が細い：疲れている、頑張れない
幹が黒く塗られる：自己嫌悪、自己否定、自尊感情が低い
幹に模様が描かれている：他人の評価を気にする
幹だけで、枝や根がない：抑うつ傾向、元気がない

【枝】枝は知性や情緒を表す
枝が多い：高揚感、空想家
枝を大きく広い：寛容、注意力散漫
枝が曲がっており、四方に伸びている：執着的
尖った枝：批判的、攻撃的
枝がない：引きこもり、変身願望、今の自分に不満足

【葉】葉は気分や感情を表す
はっきりした葉：社交的

葉が小さく形も曖昧：内向的
葉がとがっている：排他的、論理的
葉を1枚ずつ描く：完全主義、承認欲求が強い
葉が舞っている：自意識過剰、自己顕示欲が強い
落ち葉：大きな挫折体験
葉がない：孤独

【根】根は現在の生命力を表す
根がしっかり張る：気分安定、落ち着き
根を描かない：不安、緊張

【地面】地面は他者との人間関係を表す
地面が平坦：人間関係に問題がない
地面が歪んでいる：人間関係に問題がある
塗りつぶされた地面：人間不信
石で地面を覆っている：臆病、用心深い、不信
木を覆う柵がある：自分中心、周りを気にしない
地面がない：孤独感がない、周りに人がいる
草が生えている：癒しを必要、人間関係に疲れ

【実】実は希望や目標を表す
枝に実がついている：目標を持ち実行
枝から実が遠く離れている：目標はあるが障害がある
実の種類がバラバラ：誇大妄想的
落ちた実：目標のあきらめ

【木以外】
左に太陽、右に影：やる気があり希望がある
右に太陽、左に影：新しい自分を模索
雲や雨：秘密、後ろめたさ
真上に並木道：気持ちが前向き、新しいことを始める
右上に並木道：目標を見据えて努力
左上に並木道：決別
巣の中に鳥の卵がある：家族的なものを求めている
空っぽの鳥の巣：喪失感
巣箱：他力本願、自己決定が少ない
飛んでいる鳥：開放的
小さな昆虫：他者依存傾向、未熟
山：親に依存、自立心が少ない

多くの花や生き物：目立ちたがり

【用紙の使い方】

横向きの場合：現状の状態に不満

縦向きの場合：現状に満足

【描く筆圧】

強い：積極的、行動力、自己中心的

弱い：消極的、無気力、不安

筆圧が安定しない場合：情緒不安定

【描く速さ】

速く描きあげようとする場合：せっかち、短気

ゆっくり描きあげようとする場合：おっとり、慎重

【描く順番】

木が最初の場合：基本は安定だが、急な不安を感じやすい

葉が最初の場合：虚栄心が強い、見栄を張りがち

地面が最初の場合：他人に依存しがち、自立心が低い

このような基準で心理状態を読み取りますが、あくまで主観的な検査ですので解釈する人によって判断が違い評価が確定できないため、実際には他の心理検査も組み合わせながら使用されているケー

スが多いようです。

（補足参考③）心理テストの効果と課題

心理テストの効果としては左記のことが挙げられます。

・個人の能力・発達・性格などを目的に応じて様々な側面から客観的な測定ができる
・心理療法・カウンセリング・教育的指導のための一定の指針や方向性を得ることができる
・治療やカウンセリングによる変化を測定して治療の評価やその後の方針の検討を可能にする
・言語表現に障害がある被験者に対して投影法の技法により心理状態の理解ができる
・心理テストの結果をもとにした対話のプロセスによりコミュニケーションや相互理解が深まる
・被験者に自己理解や自己洞察を促すことができる

但し、心理テストだけで能力や性格を客観的に診断することはできず、あくまで補助的手段であり、いろいろなアプローチと併用して多面的な視点から総合的に把握する必要があります。また、被検査者の気分や体調、その場の雰囲気や環境などの物理的条件などの検査時の状況にも影響されます。

心理テストの品質に関して「信頼性と妥当性」

心理テストの種類や構成を見てきましたが、大切なことはその心理テストの測定値が科学的に信頼できるかどうかという点です。その検証として心理学では信頼性（reliability）と妥当性（validity）という2つの基準を設けています。信頼性とは心理テストの測定値を統計的に検証する基準で信頼性係数ρ（ロー）で評価されます。ρは0から1までの値をとり1に近いほど信頼性が高くなります。

信頼性には安定性と一貫性という2つの指標があり、安定性とは同じ人に同じ条件で同じテストを行った場合に『同じ結果になるかどうか』を調べる指標で、一貫性は同じ人が同じような質問に対して『一貫して同じような回答をするかどうか』を調べる指標です。具体的には、安定性は再検査法と平行法という方法で検証されます。再検査法とは同じテストを同じ被験者に対して数週間後あるいは数ヶ月後に2回目を実施し、1回目と2回目のテスト結果を比較する方法で、2回のテストの測定値の相関係数が高ければ高いほど安定性が高いと判断されます。しかし、再検査法は同じテストを2回行う方法ですから1回目の記憶が2回目に影響するとか、期間を空けることにより被験者の意思や行動が変化した場合には回答が1回目と違ってくるという問題が生じます。この解消のために平行法が考え出されました。平行法とは内容がほぼ同じ2つのテストを同時に実施して、それぞれの結果の相関係数を求めて検証する方法です。しかし平行法では2つのテストが等質であることが前提条件になりますが、等質かどうかは主観的な判断ですので等質の根拠が曖昧になるという問題が残ります。

一貫性の検証には折半法や内部一貫法、クロンバッハのα係数等が使用されます。折半法は1つのテストを半分にしてそれぞれが等質になるように作成して結果の一致度を測定する方法です。それぞれの測定値の相関係数はスピアマン―ブラウンの公式と呼ばれる【ρ ＝2r／(1＋r)】で求められます。再テスト法や平行テスト法では同一被験者に2回実施するため厳密性が損なわれるという問題がありましたが、折半法は一度のテストで検証できますから上記の問題の解消を図りました。しかし、1つのテストを半分に分けたとしてもそれぞれが等質だという客観性はありませんから平行法と同じ問題が残りました。

1つのテストを2つに分けてそれぞれの相関を見る折半法では分け方によって相関が異なってきます。そこで、すべての分け方についてスピアマン―ブラウンの公式でρを出してその平均値を使用する方法が考えられました。これが内部一貫法と呼ばれる方法で、このときに得られる値はクロンバックのα係数と呼ばれ、数式は『α＝項目数／(項目数－1)×(1－(各項目の分散の合計／合計点の分散)』です。クロンバックα係数が高ければその心理テストの内的整合性が高いと判断されます。内的整合性（internal consistency）とは心理テストで測定したい項目とそのために作成された設問との整合性を指します。心理テストのα係数の高さは0.5～0.8が一般的な目安とされそれ以下だと信頼性に疑いが持たれます。しかし、αが大きな値をとっていても設問項目の背後に複数の因子が存在している場合がありますから信頼性のチェックはα係数だけではなく分散や主成分分析や因子分析等による因子構造の検証も必要です。

心理テストの品質を確かめるもう1つの方法が妥当性（validity）です。妥当性とは測定したいもの（測定対象）を正確に測定できているかどうかを確認する方法です。例えば、不安を測るために作成されたテストであれば「不安度」を測定しなければなりませんが、測定しているものが不安ではなく恐怖や焦燥であれば妥当性は低いと判断されます。妥当性はその心理テストを使用する価値を判定する基準ですから信頼性よりも上位にある指標です。安定性や一貫性という信頼性係数が高くても妥当性が低ければ「測定したいことが測定できていないためそのテスト結果に基づく判断は信用できない」となってしまいます。逆に妥当性が高ければその心理テストによる予測や推論の的中率が高くなり使用する価値が高いと判断されます。

妥当性には内容的妥当性、基準関連妥当性、構成概念妥当性という検証方法があります。内容的妥当性（content validity）とは心理テストの設問項目が測定しようとしている対象（能力や状態）を適切に表現できているかを調べて測定の対象（内容）を正確に測定できているかどうかを検証する方法です。例えば、国語の学力を測りたいときに設問として計算問題や図形問題を設けるのは内容的妥当性が低いと判断されます。内容的妥当性は実証データによって設問と測定対象の関連性を確認したり複数の専門家や有識者による数値評価の一致率や相関の高さなどで検証されます。

基準関連妥当性（criterion-related validity）は作成した心理テストと関連する他のテストとの相関係数を求めて検証する方法です。比較するテストを外的基準と呼び相互の相関が高ければ基準関連妥当性が高いと判断されます。この相関係数の数値を妥当性係数と言いますが妥当性係数が高すぎる場合は既存の心理テストを使えば良いので新しく作成する意味がなくなってしまいます。基準関連妥当性の1つに予測的妥当性（predictive validity）があります。これは測定結果と実際に生じたこととの相関を求める妥当性で予測の精度を示す指標となります。例ば、職業適性テストで『営業適性が高い』と診断された人が実際に営業職に就き高いパフォーマンスを出している場合は予測妥当性が高いと判断されます。

構成概念妥当性（construct validity）とは性格とか気持ちといった抽象的な事柄（これを構成概念と言います）の測定精度を検証する方法です。抽象的な概念は複数の要因（因子）の組み合わせで成立していますから、この妥当性は因子的妥当性とも呼ばれます。臨床心理学や性格心理学では内向性や外向性、分裂気質や循環気質など様々な仮説概念が用いられますが、これらの仮説概念と心理テストの結果との相関関係を検証する方法です。注意が必要なことは、構成概念とは見えないものですから、その概念をどのようにイメージするか、あるいは、どのように定義するかによって測定数値の判断が変わってしまうことです。心という見えないものを性格という見えない構成概念で測っても客観性が担保されません。統計学上での構成概念妥当性がいくら高い数値を示めしても測定対象と測定尺度の両方が研究者の定義に基づく構成概念である限り客観性があるとは言えません。見えないものは見えるもので測ることによってその数値が客観的であり共通の尺度となります。例えば、老化という概念は転倒回数、心拍数、健忘回数などの数値で測定することで客観性を持ちますが、「頑固さ」とか「寂寥さ」という性格概念で測定してもそこには客観性が付与できません。客観性がない測定結果は「分析」ではなく研究者の「解釈」になってしまいます。

構成概念とは研究者の頭の中で考えられた抽象的なものですが、それを用いることで心的現象を説明するためには有効な方法ですが、心という構成概念で測定するのではなく、見えるもので測定することにより、その数値の客観的な分析が可能になります。性格は見えない構成概念ですが行動は客観的に見えるものです。そこで心という見えない構成概念を行動で測り、人の心を行動プロフィールで顕そうとするのが行動特性の考え方です。次章以降で行動特性の特徴を紹介しますが、行動特性研究所では行動特性を20指標で抽出して行動プロフィールを測定しています（87ページを参照）。行動特性診断テストも心理テストの1つですので信頼性や妥当性の高さは不可欠です。その検証結果を左記に紹介します。

行動特性診断テストの「信頼性、妥当性」検証

心理テストの品質に欠かせない妥当性に関して、行動特性診断テストは「被験者の行動特性の測定数値と被験者の日常で実際に出現している行動に高い相関関係がある」ことが複数の専門家による実証調査によって確認され、内容的妥当性の高さが検証されています。基準関連妥当性は「60名のＴＰＩ（Todai Personality Inventory）、及び、40名のＳＰＩ（Synthetic Personality Invent）[98]の行動に関連する項目の測定数値の相関を求めて検証した結果高い数値が得られました。予測妥当性は、行動特性診断テストの職種適性診断において「営業コンピテンシーが高いと測定されたセールスパーソンと実際の売上実績の相関」を求めた結果、高い相関関係が認められたことで検証されました[99]。構成概

念妥当性に関しては、行動特性診断テストの測定の目的は文字通り行動特性であり、それを現実に出現している行動によって測定する方法を採っていますから必然的に構成概念妥当性が高くなっています。

行動特性診断テストは高い妥当性があることが確認できましたので次は信頼性の検定です。信頼性の再検査法として、80名による2回の受検結果では1カ月後の相関係数は0.91という数値を得られました。再検査におけるおける相関係数は0.6〜0.8前後あれば高い相関があり信頼性が高いと判断されます。但し、別のグループでの6カ月後の再検査では0.82、1年後では0.5前後になりました。しかし、「性格は変化しない」ことを前提にして作成される性格診断テストとは異なり、行動特性診断テストは「変化する行動」を測定対象にしており、行動は変化ししかも時間が経つほど変化が大きくなると考えられますから、再検査の期間が長くなれば相関係数が低くなることは当然の結果で、視点を変えて見ると、変化する行動を測定できているという妥当性の高さの証明ともなります。信頼性のもう1つ検証であるクロンバッハのα係数も複数回の検証において0.6〜0.8となっており信頼性係数が高い状態であることが示されました。

ここで再度、性格特性診断テストと行動特性診断テストの違いを整理しておきます。性格診断テストは性格特性によって被験者の性格や思考や感情の傾向を描き出すことを主な目的として作成され、病理診断などのアセスメントとして有効に使用されています。それに対して行動特性診断テストは現実に現れる行動傾向によって被験者の行動プロフィールを顕すことを目的として作成され、自己の行動の理解や行動変容による能力の向上を支援するために作成されています。また、一貫性論争で触れましたが、性格診断テストでは「性格は殆ど変わらない」ことを前提として作成されますから原理的には変化の測定ができませんが、行動特性診断テストは変化する行動を測定対象にしていますから変化の測定が可能であることが主な相違点です。

第7章　行動特性の発揮　能力（コンピテンシー）

能力とは知能、技能、意欲、行動力の総体として考えられ、一般的に「物事をなし得る力、はたらき」[100]と考えられており社会生活に欠かせないものです。目的に応じて知的能力や運動能力などとして使われますがビジネスにおいては「成果を生み出す能力」をコンピテンシー（competency）と呼んで一般的な能力（ability）とは区別して用いられています。「コンピテンシーとは、優れた業績を残した個人の行動特性のこと。英語のcompetence（争する）の名詞形で、主に企業において社員の能力評価や人材の採用基準として用いられる。コンピテンシーの特徴は、個人を評価するのに知識レベルや資格、学歴などではなく具体的な行動である」とWeblio辞書では記載しています。[101]職務や業務で高い遂行能力を持っている人には共通する考え方や行動の特徴がある、というコンピテンシーのコンセプトは「個人の業績の向上、企業全体の生産性の向上、社員の行動や意識変革」を目的としている企業に歓迎され、１９８０年代後半から日米を中心に人事評価や採用や研修に広く使用されています。

コンピテンシーを活用した人材育成マネジメントにより高業績を上げている企業が多く、優れた手

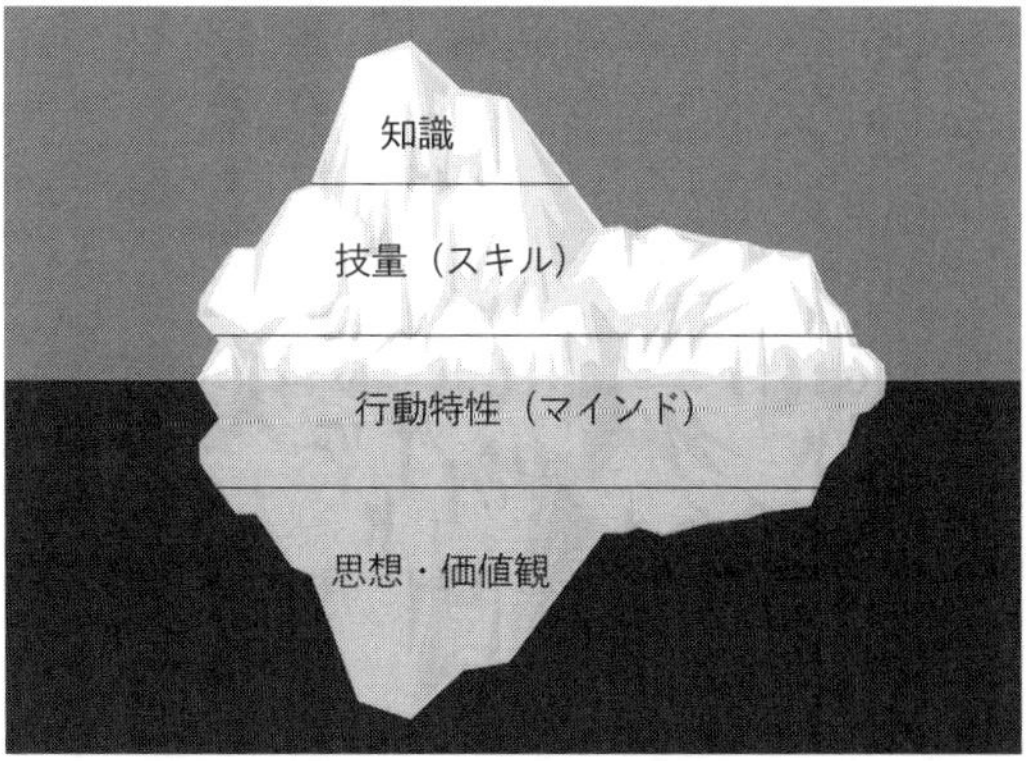

出所：Spencer, L. M. and Spencer, S. M., *Competence at Work: Models for Superior Performance*, Willy, 1993.

図7-1　スペンサーの氷山モデル

法になっていますが、一方、共通した定義がなく曖昧なままに使用されているケースが散見されます。曖昧さの主要因はコンピテンシーを「観察可能な領域」に限定しているか「直接観察できない領域」も含んでいるかという点にあります。初期のコンピテンシーの代表的研究者であるマクレランド（David Clarence McClelland）の「コンピテンシーとは高業績者に共通する達成動機と行動特性である」[102]という定義やボヤティス（R. E. Boyatzis）の「職務において優れた業績を生む人の根源的な特性」[103]という定義、及び、スペンサー（L. M. Spencer and S. M. Spencer）の『氷山モデル』（図7―1）[104]などが厳密な精査のないままに広がったことが曖昧さに拍車をかけたと思われます。

　しかし、企業や団体などで実際に使用されているコンピテンシーの項目を調査するとそのほとんどは行動規範になっており、意欲や価値観という見えない領域は補足的に示されているだけです。そもそもコンピテンシーとはハイパフォーマーの実際の行動から導かれたもので、具体的な目標や課題を達成して成果を上げるための能力です。成果に直接結びつかない能力はコンピテンシーではなく一般的なアビリティ（ability）として区別して取り扱うことが必要だと思われます。アビリティとは知識やスキルと同様の汎化能力ですが、コンピテンシーは一定の状況において最大の成果を上げるための能力で、常に状況とセットで語られるものです。知識やスキルは身についた結果であり行動が伴わなければ発揮できず、意欲は行動の起因として考えられますがそれは結果を振り返った時に推測される概念です。何かを具体的に成し遂げることができるのは行動しかありません。行動の背後にある感情傾向や思考傾向は構成概念ですので、これらをコンピテンシーに含めてしまうと客観的な数値による評価が困難になりコンピテンシーの実用的に優れた要素が曖昧になってしまいます。

コンピテンシーは様々な状況において問題を解決し課題を達成するために必要とされる一連の行動です。大学入試や資格取得試験に合格するための一連の行動や業務を効果的に遂行するためには必須とされる行動があります。ボヤティスらは「職種コンピテンシーモデル」をして作成して各コンピテンシーに必要な行動を列挙しています（前述注103）。佐藤純もコンピテンシーの共通定義は『コンピテンシーとは高業績者に共通する行動特性である』として各種のコンピテンシー評価モデルを作成しています(105)。世界保健機関（World Health Organization）ではグローバル環境で成果を上げる「グローバル・コンピテンシー・モデル」を作成しており、その内容は行動を対象としています。

（参考補足）World Health Organization（ＷＨＯ）の「グローバル・コンピテンシーモデル[106]」

（Ａ）７つのコア・コンピテンシー

①信頼できる効果的なコミュニケーション
②自己認識・自己管理
③成果を生み出す行動
④変化する環境への対応
⑤統合とチームワークの育成
⑥個人・文化相違の尊重・奨励
⑦規範の設置

（Ｂ）３つのリーダーシップ・コンピテンシー

⑧自己裁量権をつくり労働環境の活性化
⑨資源の効果的な利用
⑩組織内・外の連携の強化

更に、これらのコンピテンシーには効果的行動特性と非効果的行動特性として下位に５～６項目を設けて、それぞれの行動特性の測定によってコンピテンシーが評価されています。

（参考補足）ライル・M・スペンサー（Lyle M. Spencer）らによるコンピテンシー・ディクショナリー6つの領域と行動指標20項目（表7―1）[107]

（1）達成・行動

（2）対人関係理解や顧客サービスなど「援助・対人支援」

（3）他の方を説得したり、印象づけることなどの「インパクト・対人影響力」

（4）他の方の育成やリーダーシップなどの「管理領域」

（5）論理的思考能力や専門性などの「知的領域」

（6）セルフコントロールや柔軟性、自己管理など「自己管理能力」

コンピテンシーの作成

コンピテンシーの作成にはリサーチベースと価値・戦略ベースの2つの方法があります。リサーチベースとは高業績者の行動の観察やヒアリング、低業績者との行動比較などの実態調査に基づいて作成する方法で帰納的なアプローチによる方法です。価値・戦略ベースとは企業や集団の目標や課題の達成に必要な行動を理念的に設定する演繹的なアプローチによる作成です。また、両方のアプローチを併用したり既存のコンピテンシー・ディクショナリーを使用して作成するケースもあります。コンピテンシーの作成実例としてグローバルでの活躍を支援するために開発された『ＪＡＯＳ留学アセス

表7-1　スペンサーのコンピテンシー・ディクショナリー

	行動指標	項目名	定義
1	職場に新しいメンバーが入ってくれば格別の配慮をし不安を取り除き融和を図る	リテンション・マネジメント	人材の定着化と戦力化に努め、新しいメンバーに配慮し、その融和を図り、貢献意欲を引き出していく
2	職場のメンバーが抱きがちな不平不満やモチベーション問題に敏感である		
3	人材の定着化と戦力化に腐心し対策を怠らない		
4	組織への貢献意欲を自然と引き出しやりがいを実感させている		
5	自分が言ったことには責任を持ち自らが率先して徹底している	有言実行	自分が言ったことは必ず実行しており、決めた目標に対して熱心に努力を傾け、結果が出るまでとことんやり通す
6	言行が不一致で信用を失ったり反感を買うことはない		
7	高い目標を掲げ自らが率先して行動に傾注している		
8	期待する成果を求めて組織のメンバーと共に努力を傾ける		
9	現状に甘んじることなくより高い状態を志向する	イノベーション	現状に甘んじることなく、戦略とビジョンを示し、その方向性に従って組織を統合していく
10	戦略とビジョンを明確に示し組織の方向性を変えていく		
11	改める要素を明確にし、代替する価値観や行動スタイルをはっきりと示していく		
12	組織全体を望ましい方向へと牽引していく		
13	上位の方針を受けてその明確化を図っていく	ビジョン共有	共有すべきビジョンを日頃から示し、具体的なイメージを共有することに努め、組織内に浸透を図っていく
14	自らビジョンを示し具体的なイメージを共有化していく		
15	方針やビジョンの浸透を図っていく		
16	ビジョンを共有化するための話し合いを適宜メンバーと行っていく		
17	下命に流れることなく部下の合意と納得した上での協力を重視している	チームワーク	コマンド・コントロールではなく、メンバーが相互補完的に支援し協働していくチーム方式を醸成し、一体感を高めていく
18	強い語調で叱責したり強制力を行使することはなるべく避け温和な話し合いで事を進めていく		
19	相互補完的に仕事をする雰囲気を自然と醸成していく		
20	チームとしての一体感を醸成し協働関係を作り出していく		

出所：Spencer, L. M. and Spencer, S. M.『コンピテンシー・マネジメントの展開』生産性出版、2011年。

メントテスト』のグローバル・コンピテンシーの作成例を紹介します[108]。

ステップ1　実態調査と文献調査

① 留学経験者や海外赴任経験者へのヒアリング、及び、アンケートでの実態調査
② 人事評価による高業績者と低業績者の分類、及び、各グループメンバーの行動比較
③ 企業トップや人事教育担当者へグローバル能力に関するヒアリング
④ 企業人事などで実際に使用されているグローバル能力の評価尺度の調査
⑤ グローバル能力に関する文献調査（参考文献を掲載[109]）

ステップ2　コンピテンシー候補群の選定

・ステップ1の①～⑤の調査から約100項目のコンピテンシー候補を抽出
・右記コンピテンシー候補を因子分析や主成分分析等の心理統計分析により5ジャンル29指標を抽出

ステップ3　コンピテンシーモデルの精査と確定

・ステップ2の29指標を行動特性診断テストで測定し、妥当性と信頼性を検証

このようなステップを踏み『JAOS留学アセスメントテスト』のグローバル・コンピテンシーが作成されました。左記が作成された5ジャンル・29指標です。

第1群：コミュニケーション力に関する6項目
傾聴力、共感力、受容力、自己開示力、主張力、プレゼンテーション力
第2群：問題解決力に関する6項目
計画立案力、情報収集力、企画提案力、迅速実行力、変化応用力、完結達成力
第3群：Global Mind に関する5項目
チャレンジ力、成功への熱意、主体的行動、多様性受容、探究心
第4群：Global Behavior に関する5項目
積極的な質問、パーティシペイト、持続力、評価の受容、ホスピタリティ
第5群：ディレールメント Derailment
衝動性、依存性、回避性、孤立性、自衛論争性、尊大性、完璧性

（補足）第Ⅲ部第8章でこのグローバル・コンピテンシーを使用した「留学効果の測定と留学オリエンテーションの事例」を紹介します。

グローバル・コンピテンシーの作成例を見てきましたが、行動特性研究所では社会やビジネスで必要なコンピテンシーを3つのカテゴリーで作成しています。

カテゴリーA：社会人に求められる共通基礎コンピテンシー
カテゴリーB：職種等における専門コンピテンシー、及び、リーダーやマネージャーに求められるコンピテンシー
カテゴリーC：個別企業や集団で必要とされるコンピテンシー

【カテゴリーA】　社会人に求められる共通基礎コンピテンシー
共通基礎コンピテンシーとはどんな職種やポジションにおいても必要とされる基礎的なコンピテンシーで「対人関係におけるコミュニケーション力」と「問題や課題の解決力」に関するコンピテンシーです。日本経済団体連合会による企業の新卒採用に関するアンケート調査でも毎年上位に位置している能力です。[110]

第1位　コミュニケーション能力
第2位　実行力（問題解決力）
第3位　チャレンジ力

第4位　仕事への意欲
（成功への意欲）
第5位　主体性
第6位　柔軟性

行動特性研究所では「社会人に求められる共通基礎コンピテンシー」としてコミュニケーション力と問題解決力のコンピテンシーを各6指標設定しています（前記「グローバル・コンピテンシー」もこのカテゴリーに含まれます（前述注95））。

・コミュニケーション力
6指標の測定例（図7

傾聴力	相手の言葉を遮らず、最後まで聞き取る力	47.9
共感力	相手の感情や気持ちに寄り添い、素直に共感する力	44.2
受容力	相手の意見や考え方を、批判をしないで、ありのままに受け容れる力	54.6
自己開示力	自分の考えていることや感じていることを、積極的に伝える力	56.2
主張力	自分の考えや意見を、明確に発言し、伝える力	54.5
プレゼンテーション力	資料やデータを用い、相手に分かりやすく説明する力	57.3

出所：一般社団法人行動特性研究所『行動特性診断テスト』前述注95。

図7-2　コミュニケーション力の測定例

計画立案力	目標の達成に向けて、短期的・長期的な計画を立てる力	69.1
情報収集力	情報のネットワークを築き、多方面から情報を収集する力	65.0
企画提案力	アイディアを企画化し、情報やデータを総合し、提案する力	70.8
迅速実行力	課題達成のために、素早く意思決定し、迅速に行動する力	51.6
変化応用力	環境の変化や関係者に合わせて、柔軟に対応する力	55.8
完結達成力	目標や課題を中途半端で終わることなく、完結する力	71.8

出所：図7-2に同じ。

図7-3　問題解決力の測定例

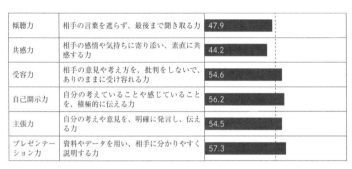

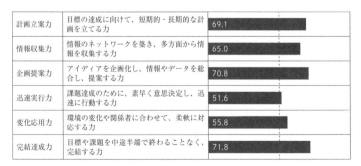

—2）

・問題解決力6指標の測定例（図7—3）

・能力変化の測定例（1回目が薄いグレー表示、2回目が濃いグレー表示、図7—4）

【カテゴリーB】　職種等における専門コンピテンシー、及び、リーダーやマネージャー等の役割に必要なコンピテンシー

各職種においては高い成果をあげるためのコアとなるコンピテンシーがあります。共通基礎コンピテンシーがどんなに高くてもそれぞれの職種に必須なコンピテン

傾聴	相手の言葉を遮らず批判しないで聞き取る力	24.3	40.4
共感	相手を操作しないで、感情や考え方を愛情を持って感じ取る力	24.6	46.9
受容	自分の意見や考えと異なることを含め、素直に受け入れる力	20.3	44.9
自己開示	率先して自分の気持ちや考えを伝え、話しやすい環境を作る力	30.9	60.6
主張	自分の感情や考えを明瞭に相手に伝える力	58.5	80.5
説得	色々な情報を駆使し、相手を説得する力	53.9	78.5

計画立案力	課題の解決に向けたプロセスを明らかにし準備する力	24.5	48.3
決断実行力	様々な状況・情報の中から、最適なものを決定する力	72.3	64.8
迅速対応力	状況の変化や問題の発生に対して、すばやく対応する力	59.8	58.1
細部徹底力	ミスやモレや迷いがなく、一貫してやり遂げる力	36.0	46.6
変化応用力	一度聞いたことや習得したことを次々に変化させ、発展させる力	57.0	60.9
完結達成力	目標や課題を中途半端で終わることなく、最後までやり抜く力	83.0	76.6

出所：図7-2に同じ。

図7-4　能力変化の測定例

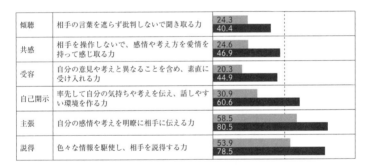

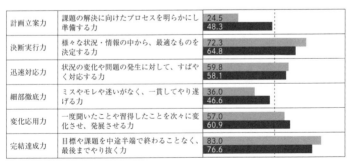

シーが低ければその職種でコンスタントに高い成果をあげることは難しくなります。例えば、営業職においては行動力や迅速力や関係構築力というコンピテンシーが欠かせませんし、介護や看護職においては深い共感力や傾聴力、症状を観察する力や的確な質問力が必須とされます。居酒屋やレストラン等のサービス職においてはサービスを提供するための貢献力や好感を醸成する好印象力がコア・コンピテンシーとして挙げられます。行動特性研究所では代表的な6つの職種におけるコア・コンピテンシーを測定して能力向上やキャリアアップ、及び、企業における採用や人材育成を支援しています。(前述注95)

・職種に必要なコンピテンシー：6ジャンル24指標の測定例（図7—5）(111)
・リーダーに必要なコンピテンシー測定例（図7—6）

（参考補足）共通基礎コンピテンシーと職種コンピテンシーとの関係

共通基礎コンピテンシーと職種コンピテンシーとの関係は左記の図7—7のような関係です。共通基礎コンピテンシーはどんな職種においても必要とされるコンピテンシーで、その上に職種で必要とされる専門コンピテンシーが求められます。ビジネス経験が浅い時期には共通基礎コンピテンシーが重視され、経験が重なるにつれて専門コンピテンシーが求められます。

単独営業・コンサルティング系 車、住宅、保険の営業 等	行動力	82.1
	説得力	64.9
	関係構築力	40.7
	打たれ強さ	51.9

チーム営業・ルート営業系 大型イベント誘致、BtoB 営業、MR 等	スケジュール管理	42.7
	開発維持力	29.6
	持続力	13.5
	協働力	23.6

教育・福祉系 教師、保育士、看護師・介護士 等	共感力	38.7
	傾聴力	34.2
	質問力	79.1
	観察力	38.3

サービス系 店舗（飲食・アパレル）、カスタマーサポート 等	臨機応変力	77.4
	共感力	38.7
	説明力	48.3
	好印象力	54.0

事務・スタッフ系 事務スタッフ職、金融、経理、法務 等	約束遵守	14.1
	他者貢献力	29.9
	説明力	48.3
	手順遵守力	14.8

マーケティング・企画系 商品企画、経営企画、開発、リサーチ 等	情報収集力	86.6
	論理力	57.2
	計画力	40.3
	プレゼンテーション力	56.1

出所：図 7-2 に同じ。

図 7-5　職種に必要なコンピテンシーの測定例

リーダーシップ・マインド

主体的行動	目標達成や問題解決を、主体的に考え実行する	50.0
ビジョン共有	目標達成をイメージ化し、メンバーや関係者と共有する	50.0
ブランド向上	自己と集団のブランドを高めるために、情熱をもって活動する	50.0
探求心	様々なことに興味を持ち、絶えず多方面から情報を集める	50.0
コンプライアンス	どんな状況においても約束を守り、法や規範を遵守する	50.0

戦略的思考

課題発見力	全体を俯瞰（ふかん）し、重要な問題や課題のポイントを発見する	50.0
問題分析力	必要なデータを収集し、論理的に問題を分析する	50.0
優先順位設定力	多くの課題の中から、的確に優先順位を設定する	50.0
客観力	現状に疑問を投げかけ、革新的なアイディアを取り入れる	50.0

戦略的行動

プロセス管理力	達成状況や進捗データを定期的に確認し、業務を進める	50.0
決断力	様々な状況・情報の中から、最適なものを決定する	50.0
改善力	既定のやり方に拘らず、効率効果を追求し改善する	50.0
評価の受容	上司やメンバーからのフィードバックを素直に受け容れる	50.0

メンバー活性化

関係構築	出会いを大切にし、良好な関係を構築する	50.0
相互作用力	集団の相乗効果を考えて行動する	50.0
評価力	先入観にとらわれず、事実に基づき客観的に評価する	50.0
コーチング	気付きを与え、自発的行動を引き出す	50.0
カウンセリング	興味や関心を持って傾聴し、本音や悩みを引き出す	50.0

出所：図7-2に同じ。

図7-6　リーダーシップ能力の測定例

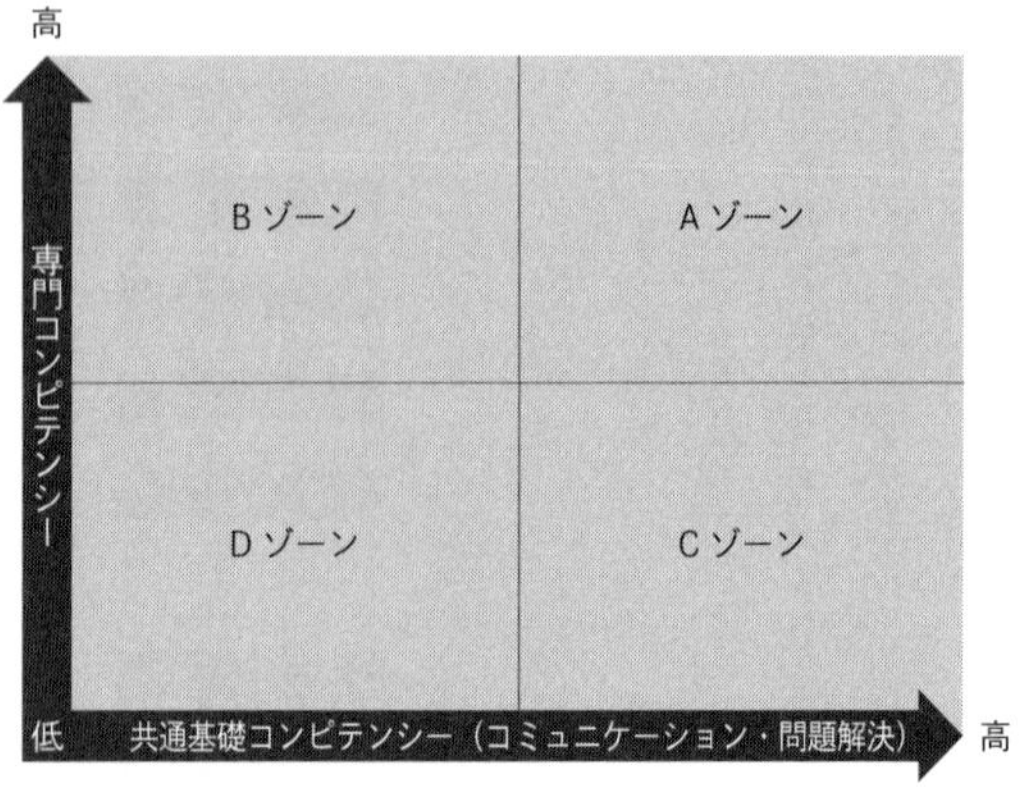

出所：著者作成。

図 7-7　共通基礎能力と専門能力の関係

【カテゴリーC】　個別企業や集団で必要とされるコンピテンシー

企業や集団においてその文化や歴史で醸成された理念や規範が存在します。その理念の達成のために企業（集団）で特有なコンピテンシーを設定して、コンピテンシーの浸透と活用を図るのがこのカテゴリーにおけるコンピテンシーとなります。開発例として第9章でR社のセールス・コンピテンシーを紹介していますので参照にしてください。

第Ⅲ部　行動特性の活用

行動特性による能力（コンピテンシー）向上の事例

行動には意識的行動と無意識的な自動行動があり、行動は情動や感情を起因としており、習慣化により形成され、行動の組み合わせによって能力（コンピテンシー）が発揮されることを見てきました。第Ⅲ部では行動特性を活かした能力向上の実例を紹介します。

多くの企業で業績向上のために各種の研修が実施されていますが、カークパトリック（Donald L.Kirkpatrick）らはレベル１（効果が低い）からレベル４（効果が高い）の４段階で研修効果の評価をしています。(112)

（A）　研修の評価

レベル１　反応（Reaction）レベル：研修直後の受講者の満足度
　研修が知識や行動に結びついていない状態

レベル２　学習（Learning）レベル：知識やスキルの学習到達度
　研修により知識やスキルが向上、但し、行動には繋がっていない

レベル３　行動（Behavior）レベル：研修で学んだことの実践度
　研修での学びが実際の行動に反映され研修効果をあげている

レベル４　結果（Result）レベル：研修による成果の向上度
　研修で身につけたことを実践し、成果を上げ、組織利益などに影響している

（B）評価の方法

レベル1：受講者アンケート
　研修全体への満足度やセクションごとの満足度、良かった点や改善点など
レベル2：事後テストやレポート
　研修内容のテスト、レポート、実演などでチェック
レベル3：行動変化のチェック
　研修前後の行動変容を評価
レベル4：研修の投資対効果（ROI：Return on Investment）
　売上、利益、顧客満足度、企画採用率等の数値評価

レベル1は研修の満足度だけですが、レベル2はラーニング（学習力）効果が認めれる研修です。レベル3はコンピテンシーの変化向上を促進する研修で、レベル4は生産性やCSを向上させ業績向上を実現できる研修です。能力向上を目的とした研修であればレベル3以上であることが求められます。実際に行動変容が生じたかどうかは、本人の自己評価に基づいても客観性がありませんから、科学的に作成された心理テストが必要になります。性格診断テストでは変化の測定ができませんから行動変化を測定できる行動特性診断テストが研修効果の検証ツールとしては適しています。第8章から第10章で行動特性を活かした能力（コンピテンシー）向上研修の実例を紹介します。

第8章　行動特性の活用事例①：グローバル・コンピテンシーの向上

前章で紹介したＪＡＯＳ留学アセスメントテストによる留学効果の測定と留学支援の実例を紹介します。一橋大学・国際教育交流センターでは『留学に備えよう！（行動特性・異文化理解・危機管理）』というタイトルで一学期から2学期間、海外に留学する学生向け渡航前オリエンテーションを行い、左記の3つのテーマで留学の充実を支援しています[113]。

① 留学に求められる姿勢、能力、行動の理解を深める
② 留学の目標、向上させたいコンピテンシーを設定し留学を充実させる
③ 異文化環境での生活・学習に備える

このうち、主に①と②は学生が事前に受検したＪＡＯＳ留学アセスメントテストをもとにフィードバックを行い、自己の行動特性と現状のグローバル能力（コンピテンシー）を学生同士で共有し、自

己理解を深めています。

　また、一橋大学では帰国後（２回目）の受検により出発前との変化を測定して留学効果を分析しています。左記に留学効果（変化）の分析と留学支援オリエンテーションでのキーポイントとを紹介します。

A　留学効果に関して（留学における変化の分析）

　グローバルな環境で必要とされるコミュニケーション力、問題解決力、グローバルで活躍する姿勢（グローバルマインド）、留学で求められる行動（留学先での学習行動・グローバルビヘイビア）を「４つのグローバル力」として設定し、出発前と帰国後のＪＡＯＳ留学アセスメントテストの測定数値を分析しました。２０１６年度と２０１７年度の４つのグローバル力のすべてにおいて留学前より留学後の値が高くなっていました（下記図８―１）（前述注113）。

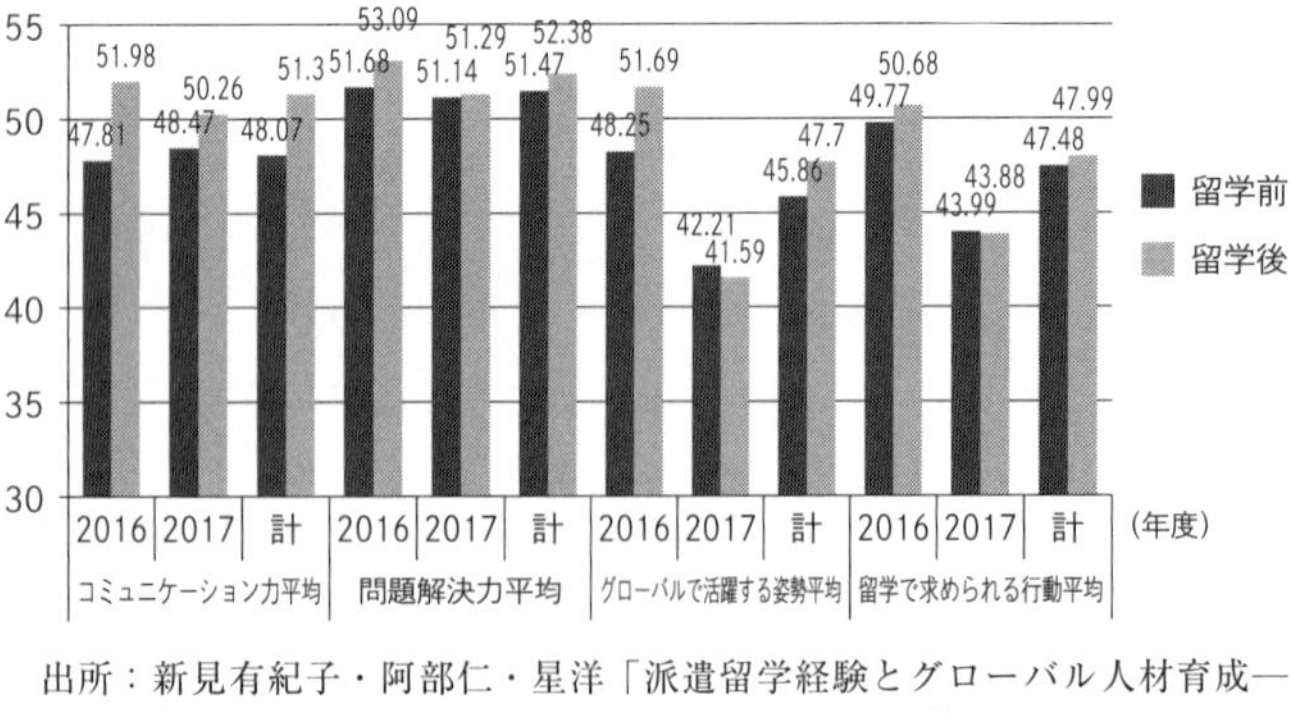

出所：新見有紀子・阿部仁・星洋「派遣留学経験とグローバル人材育成―JAOS留学アセスメントテストを用いた考察―」『一橋大学国際教育センター紀要』2019年所収。

図 8-1　留学による能力変化

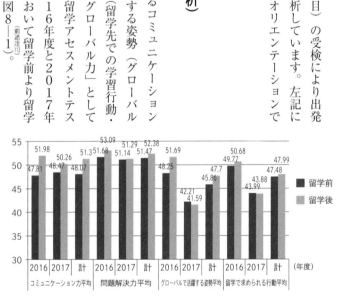

また、2016年度の4つのグローバル力の留学前後における変化を統計分析（Wilcoxon の符号順位検定）で検証した結果、問題解決力を除く3つのグローバル力において、統計的な有意差が認められ、特に、コミュニケーション力については、有意差の効果量が大きかったことが解りました（表8—1）。

コミュニケーション力の変化を更に同様の手法で統計分析したところ、「自己開示力、主張力、プレゼンテーション力」というコミュニケーションの発信力に関連した3項目のコンピテンシーの有意差が高いことが確認できました（表8—2）。

また、留学の目的とその変化の関係

表 8-1　留学による能力変化の検証結果

	留学前平均	留学後平均	Wilcoxon の符号順位検定（両側検定）	効果量 (r)
コミュニケーション平均	47.81	51.98	Z = − 5.907 p = .000***	−.55（大）
問題解決力平均	51.68	53.09	Z = − 1.424 p = .154	−.13（小）
グローバルマインド平均	48.25	51.69	Z = − 3.975 p = .000***	−.37（中）
留学先での学習行動平均	49.77	51.31	Z = − 3.277 p = .001**	−.30（中）

注：***$p < .001$、**$p < .01$、*$p < .05$

出所：阿部仁・新見有紀子・星洋「グローバル環境で育む4つの力―留学前後における派遣学生のコンピテンシー変化について」『一橋大学国際教育センター紀要』2018年所収、注114。

表 8-2　留学によるコミュニケーション力変化の検証

	留学前平均	留学後平均	Wilcoxon の符号順位検定（両側検定）	効果量 (r)
傾聴力	50.58	50.51	Z = − 0.110, p = .991	−.01（なし）
共感力	47.24	50.57	Z = − 2.690, p = .007**	−.25（小）
受容力	47.43	51.29	Z = − 4.238, p = .000***	−.39（中）
自己開示力	48.13	54.99	Z = − 4.873, p = .000***	−.45（中）
主張力	44.90	51.11	Z = − 4.709, p = .000***	−.44（中）
プレゼンテーション力	48.60	53.39	Z = − 3.689, p = .000***	−.34（中）

出所：表8-1に同じ。

表 8-3　コミュニケーションの「受信力 3 項目」と「発信力 3 項目」

傾聴力	相手の言葉を遮らず、最後まで聞き取る力	受信力
共感力	相手の感情や気持ちに寄り添い、素直に共感する力	受信力
受容力	相手の意見や考え方を、批判しないで、ありのままに受け入れる力	受信力
主張力	自分の考えや意見を、明確に発信し、伝える力	発信力
自己開示力	自分の考えていることや感じていることを、積極的に伝える力	発信力
プレゼンテーション力	資料やデータを使い、相手にわかりやすく説明する力	発信力

出所：著者作成。

受信力目標	68 名
発信力目標	120 名
合計	188 名

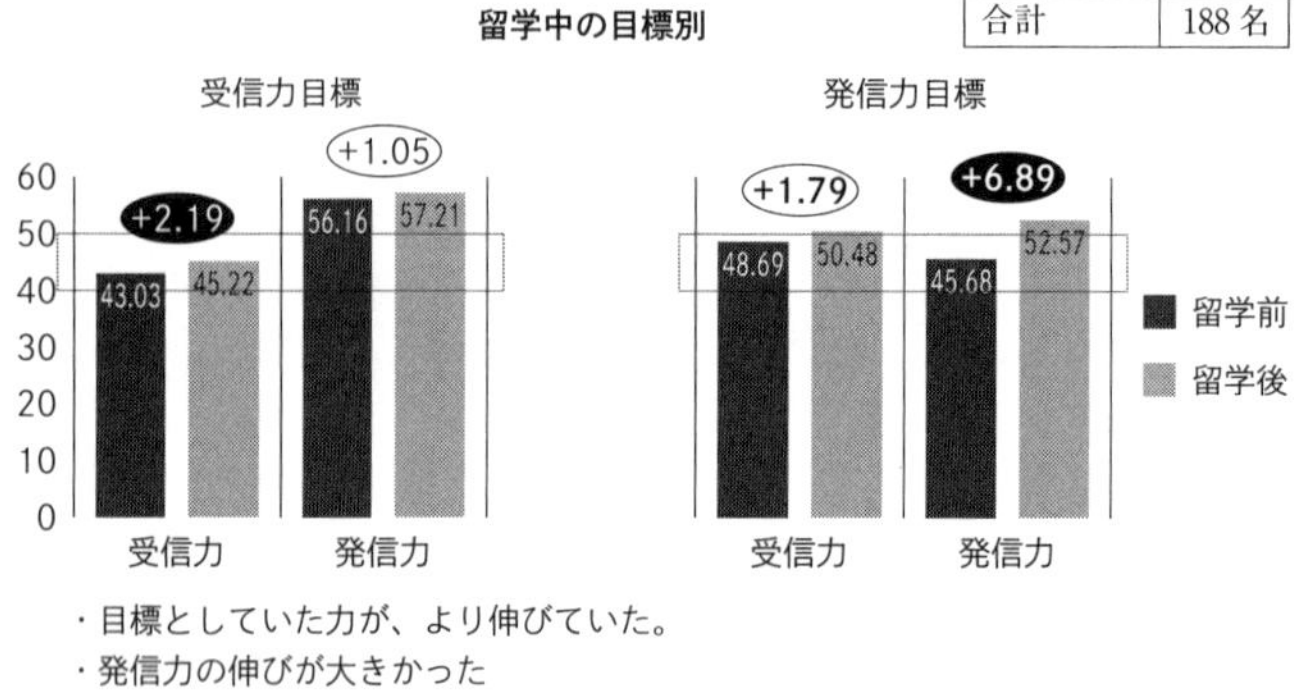

出所：阿部仁・渡部由紀・星洋「学生のグローバル力を伸ばす、留学アセスメントテストの活用事例」『Summer Institute on International Education, Japan（SIIEJ）ワークショップ D、注 115。

図 8-2　留学による能力変化「目標別変化」

受信力目標	68名
発信力目標	120名
合計	188名

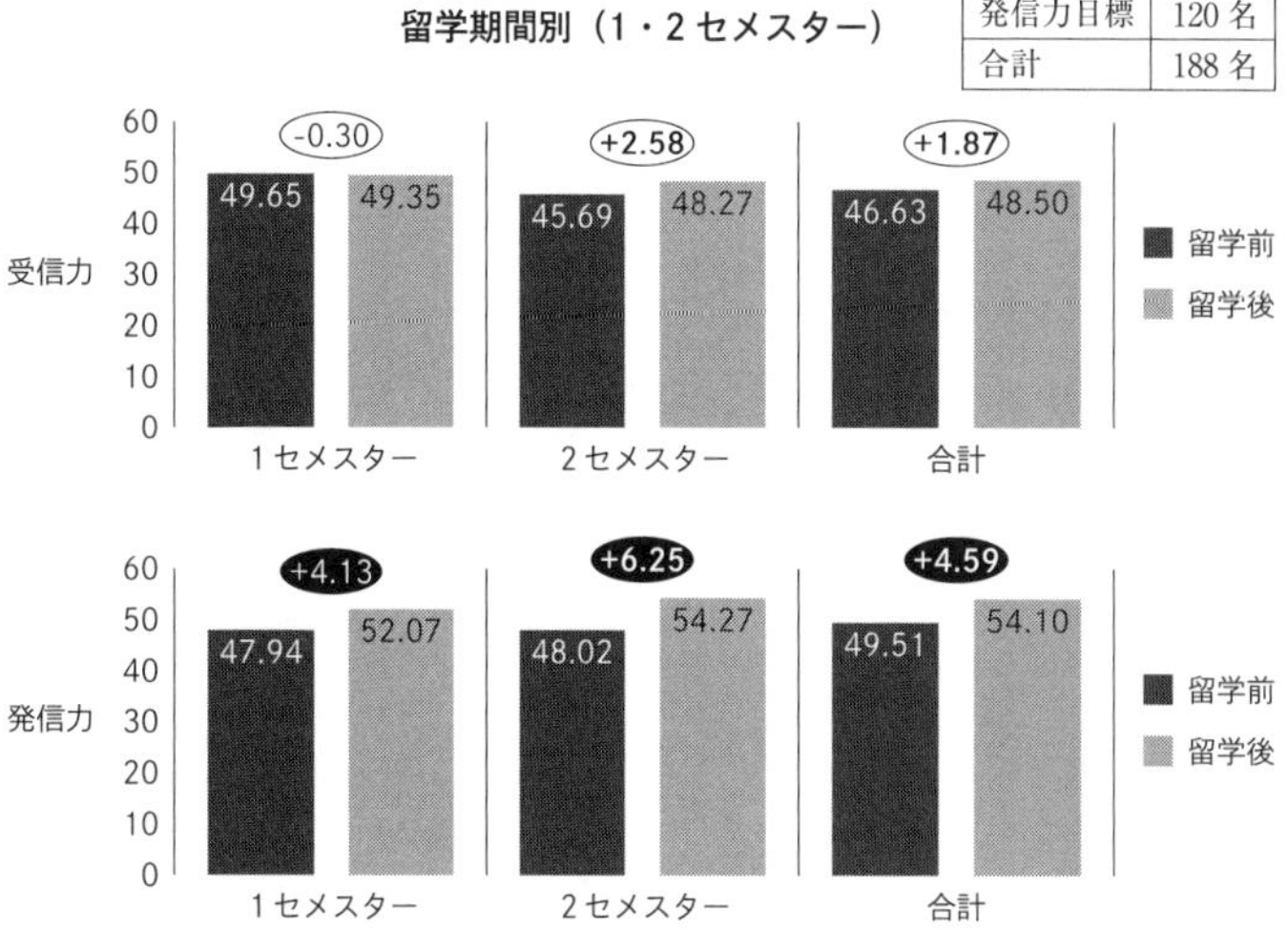

出所：図8-2に同じ。

図8-3　留学による能力変化「期間別変化」

の調査として、留学前にコミュニケーション力の受信力と発信力のどちらを向上目的とするかを選択させ、帰国後での変化の相関を調べたところ、受信力の向上を目的としたグループは受信力が向上し、発信力を目的としたグループは発信力が向上したことが確認できました（表8―3、図8―2）。

コミュニケーション力の留学の期間別においては1セメスターよりも2セメスターの方が全体的に高い変化を示していました（図8―3）。

B　JAOS留学アセスメントテストの読み方（理解と活用）

留学の充実と能力向上の支援を目的とし

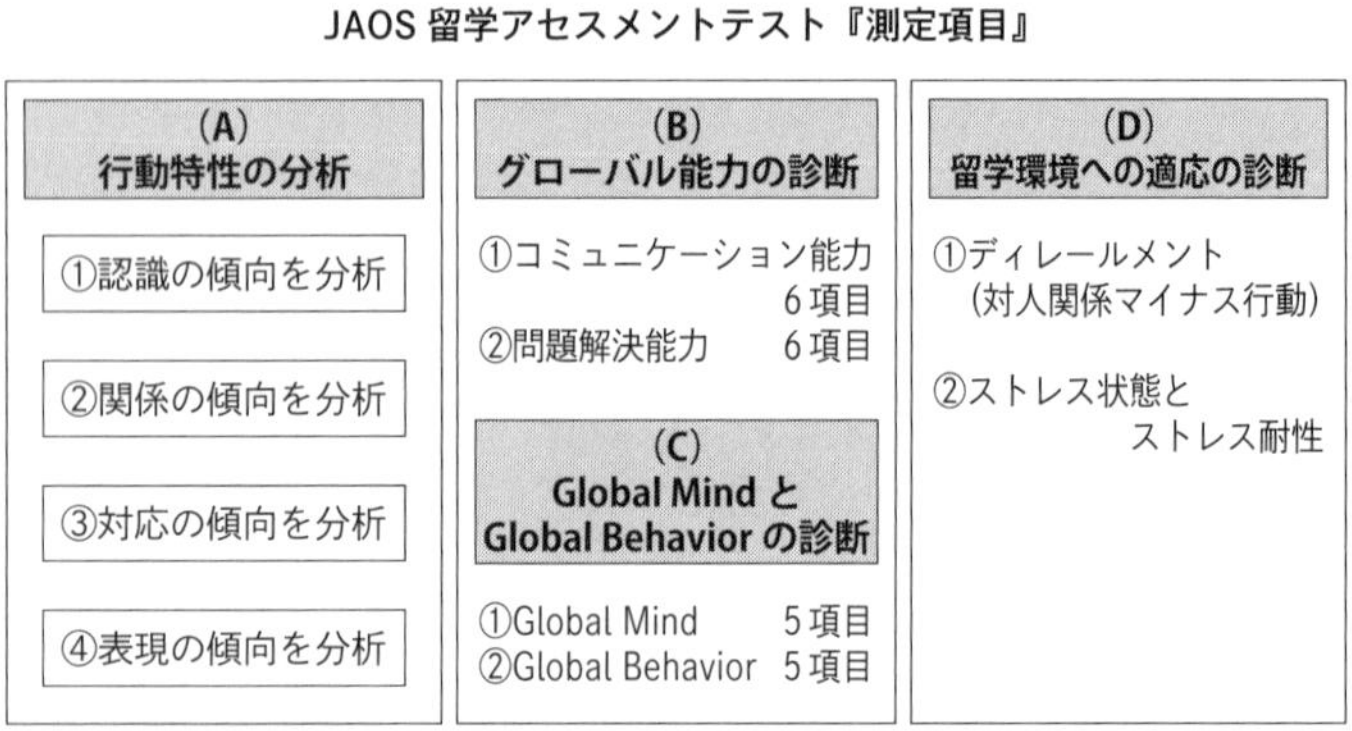

JAOS 留学アセスメントテスト『測定項目』
(A) 行動特性の分析
①認識の傾向を分析
②関係の傾向を分析
③対応の傾向を分析
④表現の傾向を分析
(B) グローバル能力の診断
①コミュニケーション能力 6項目
②問題解決能力 6項目
(C) Global Mind と Global Behavior の診断
①Global Mind 5項目
②Global Behavior 5項目
(D) 留学環境への適応の診断
①ディレールメント (対人関係マイナス行動)
②ストレス状態と ストレス耐性

出所：著者作成。

図 8-4　JAOS 留学アセスメントの測定項目一覧

て実施している出発前オリエンテーションにおいて『JAOS留学アセスメントテスト』は2つの理由で導入されています。1つ目はJAOS留学アセスメントは「行動」に焦点を当てており、行動の変化によって能力の変化を測定するという考え方に基づいて設計されているため、留学を通じて「4つのグローバル力」の変化の測定に適していることです。2つ目の理由は、教育ツールとしての有用性です。能力の向上や取組み姿勢に変化をもたらすためには、目標とアクションプランを明確にすることが重要ですが、JAOS留学アセスメントテストにより学生が自らの行動特性を理解し、留学中に向上させたい能力とその達成のために、どのような行動の変化が必要であるかを明確化させることができるからです。

　JAOS留学アセスメントは図8―4のように（A）行動特性の分析（B）グローバル能力の診断（C）Global Mind & Global Behavior の診断（D）留学環境への適応の診断という4ジャンルで構成されています。

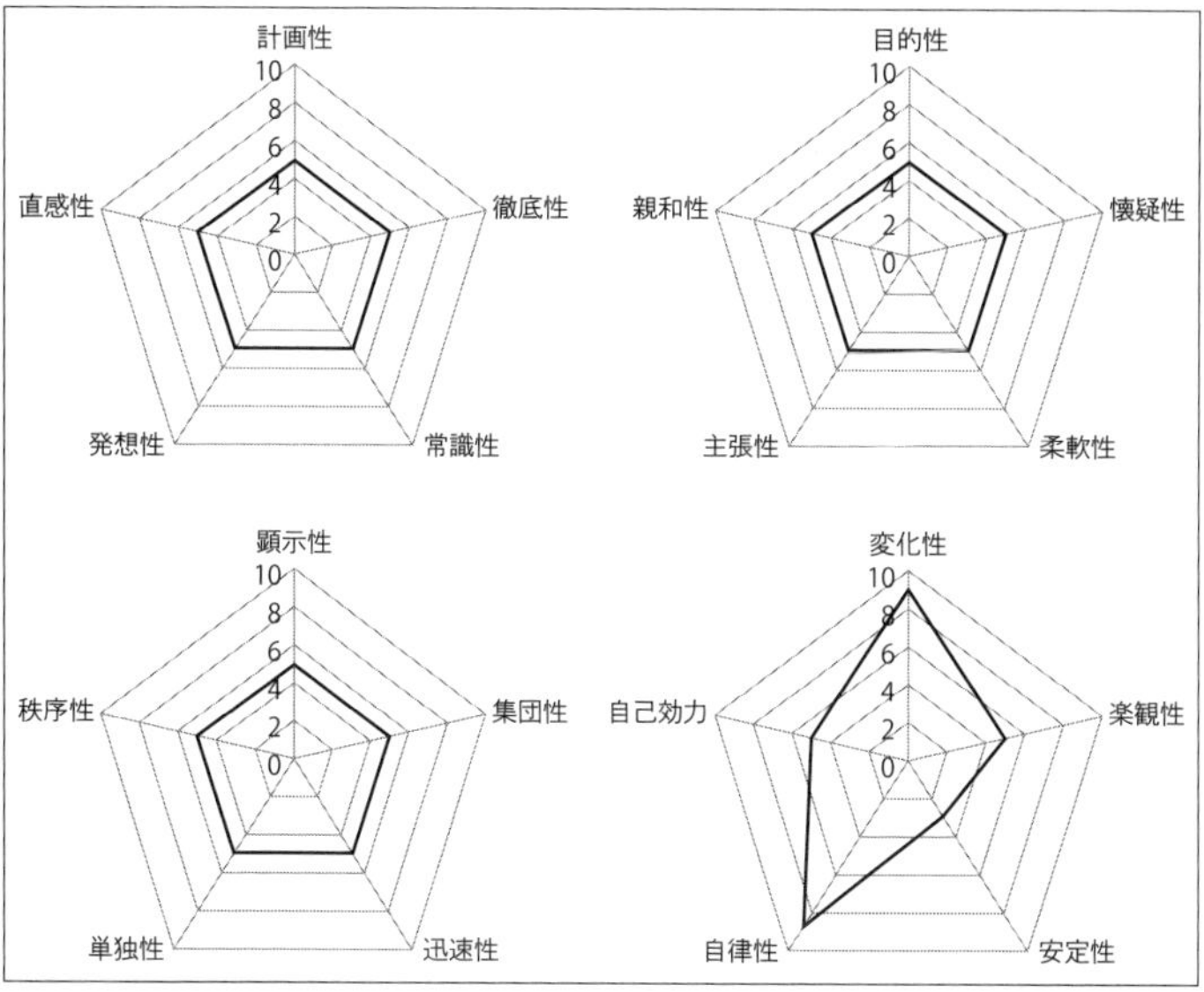

出所：図 7-2 に同じ。

図 8-5　行動特性 20 指標

(1) 行動特性の読み方と活用方法

各ジャンルの理解と活用に関してキーポイントを紹介します。

行動特性は４つのジャンル20指標で測定しています。留学前オリエンテーションでは行動特性による自己理解を深め、留学の充実に役立つように読み方と活用のポイントを紹介しています（図８―５）。

① 行動特性の読み方

・行動特性に良い／悪いはない

自分の行動特性をどのように発揮するかということが大切です。例えば、「目標や行動の方針を人まかせにせず自分で決め、決めたことはやり遂げる」という『自律性』という行動特性が高いから良いとか低いからダメだという読み方はしません。自律性が高い人がその高さをプラスに発揮すれば「主体的な行動」になりますが「自分で決めたことしかせず、人から言われたことはしない」となるとマイナスの行動になります。同じように自律性が低い人が「いろいろなアドバイスを柔軟に受け容れる」となればプラスの行動になりますが「人から言われなければしない」となるとマイナスの行動になります。このように行動特性は高い低いで評価するものではなくその特性をどのように発揮するかということが重要になります。

・行動特性が低いことはその行動ができないということではない

行動特性が低い指標は、意識していない時にはその行動が少ないことを表しているだけで、意識すればその行動ができます。例えば『計画性』という行動特性が低い人は「計画を立ててそれを書き出す」という行動が少ないことを表しますが「今は計画をしっかり立てよう」と意識するとその行動は可能です。

・行動特性は変化する

留学で「自分にどのような変化を起こせるか」と意図的にチャレンジすることで変化が促進されます。新しい行動を意識的に行い、その行動を積み重ねると習慣化されて、行動特性が変化します。意図的に自己の行動特性の変化に取り組むことで能力も変化し向上します。それが自己成長に繋がります。

②　行動特性の活用①：留学『初期』の留意点

・行動特性の『安定性』の高い人は、留学初期の変化が多い状況に置かれると安定性を発揮できずストレスを感じやすく、不安や心配を必要以上に高めてしまう傾向があります。しかし、「このようなストレスを感じることは自分の行動特性と一致している」と自己理解することでストレスに対処することができます。状況が落ち着いてくると安定性という自己の行動特性を発揮することができるようになります。

・行動特性の『単独性』が高い人は、新しいクラスでの出会いやホームステイやドーミトリーなどで常に周りに人がいる状況で、一人になれない時間が続くとストレスを感じやすくなります。また、行動特性の『集団性』が高い人は、アパートメントの一人暮らしなどで単独行動が続いたり、（日本にいた時のように）友人や知人と繋がる機会が減ると孤立感や寂寥感が高まります。今は自分の行動特性が発揮しづらい状況だと理解して、自己肯定感を低めないように注意してください。

・行動特性の『主張性』が高い人は、留学先の言葉が思ったよりも（準備してきたにもかかわらず）話せない時には自己肯定感の低下を感じやすくなりますので気をつけましょう。

③　行動特性の活用②：留学『中期』の留意点

・行動特性の『変化性と迅速性』が高い人は、留学初期には状況への対応が順調にいくと思いますが、変化に目移りばかりして出発前に立てた留学の目的を持続せず、中途半端に変更してしまう傾向が生じます。安易に目的を変更せず、出発前に作成したアクションプランにこだわるようにして下さい。

・行動特性の『安定性が高く、柔軟性が低い』人は、変化が大きい留学の初期には自分の行動特性を発揮できずストレスを感じることが多いと思いますが、それを乗り越えると安定的な行動や自己の価値観に基づいた行動が取れるようになり自己の行動特性を発揮できるようになります。この状態での留意点は、留学に馴染んだことで満足してしまい新たなチャレンジが減ったり自己への変化の促進を止めてしまうことです。落ち着いた状況の時にこそ積極的に変化を求めたり自己との価値観が違う人とのコミュニケーションを増やすなどで自己の変化を促進してください。

(2)　4つのグローバル力に関して

・能力の向上

能力は性格によって決まるのではなく、行動の組み合わせによって発揮されるものです。例えば、「持続力」という能力は「徹底性、目的性、秩序性、計画性」という行動特性で構成されています。ですから「持続力」を向上させたい場合にはそれを構成している行動特性を変化させることで達成できます。行動特性とは「習慣化された行動」ですので、今までの習慣を留学でどのように変化させるかということがキーポイントになります。

傾聴力	相手の言葉を遮らず、最後まで聞き取る力	47.9
共感力	相手の感情や気持ちに寄り添い、素直に共感する力	44.2
受容力	相手の意見や考え方を、批判をしないで、ありのままに受け容れる力	54.6
自己開示力	自分の考えていることや感じていることを、積極的に伝える力	56.2
主張力	自分の考えや意見を、明確に発言し、伝える力	54.5
プレゼンテーション力	資料やデータを用い、相手に分かりやすく説明する力	57.3

出所：図7-2に同じ。

図8-6　コミュニケーション能力の診断シート例

・コミュニケーション力の向上

　コミュニケーションとは相手との心のキャッチボールです。相手を『受信する』ことと自分を『発信する』ことの繰返しで成り立っています。『傾聴力、共感力、受容力』は受信力で『自己開示力、主張力、プレゼンテーション力』が発信力になります。

　JAOS留学アセスメントテストの受信力と発信力のどちらが高いか（低いか）を見て、自分自身のコミュニケーションの癖を再確認してください（図8―6）。

　コミュニケーション力を高めるためには、相手が「自分の話を聞いて欲しい」と思っている時には「傾聴力」を、相手が「あなたのことを知りたい」と思っている時には「自己開示力」を意図的に発揮することでコミュニケーション力が向上していきます。

・問題解決力の向上

　問題解決力は「準備」と「実行（実践）」という2つの繰返しで向上していきます。『計画立案力、情報収集力、企画

計画立案力	目標の達成に向けて、短期的・長期的な計画を立てる力	69.1
情報収集力	情報のネットワークを築き、多方面から情報を収集する力	65.0
企画提案力	アイディアを企画化し、情報やデータを総合し、提案する力	70.8
迅速実行力	課題達成のために、素早く意思決定し、迅速に行動する力	51.6
変化応用力	環境の変化や関係者に合わせて、柔軟に対応する力	55.8
完結達成力	目標や課題を中途半端で終わることなく、完結する力	71.8

出所：図 7-2 に同じ。

図 8-7　問題解決能力の診断シート例

提案力』は準備力で『迅速実行力、変化応用力、完結達成力』は実行力です。どちらの力が高い（低い）かを見て自分自身の問題解決力の強み／弱みを再確認してください。

問題解決力を高めるには、例えば「情報を収集して準備する」ことを求められている時には意識的に「情報収集力」を高める行動をとり、「変化に対応する」ことが求められている時には（今までよりも）「変化応用力」を高める行動をすることで向上していきます（図8—7）。

・Global Mind と Global Behavior の向上

グローバルで活躍するために必要な Mind（心構え、態度）と Behavior を各5項目で測定しています。現時点での数値の「高い／低い」は問題ではなく、留学においてどのように高めていくかということが重要です。海外の大学の授業やホームステイやドーミトリーにおいて必要とされる行動を測定しています。これらの行動を積極的に行うことで学習や生活が充実します。逆にこれらの行動が少なければクラスメートやホストファミリーから『やる気がない、一緒に活動

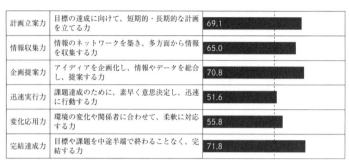

チャレンジ力	現状に満足せず、高い目標を設定し挑戦し続ける	57.5
成功への熱意	困難な状況においても、熱意を持ち続け、最後までやり遂げる	65.8
主体的行動	自ら目標を設定し、当事者意識を持って行う	63.8
多様性受容	多様な文化や価値観を、幅広く受け入れる	51.2
探求心	様々な情報を取り入れ、多様な考え方に興味を持ち、追求する	51.1
積極的な質問	わからないことを明確にしたり、話題を深めるために、積極的に質問する	51.9
パーティシペイト	多様な人や異文化との出会いを求めて、イベントやパーティ等に積極的に参加する	44.7
持続力	新たな能力を身につけるために、やろうと決めたことや取り組んだことを持続する	22.2
評価の受容	自分自身の成長や能力の向上のために、相手からの評価を素直に受け容れる	53.7
ホスピタリティ	相手との信頼関係を築き、相手に受け容れてもらうために、気配りをしながら貢献する	42.8

出所：図7-2に同じ。

図8-8　Global Mind & Behavior の診断シート例

したくない』と思われてしまいますので注意して下さい（図8―8）。

・新しい環境への取組『ディレールメント』に関して

留学での授業や生活を充実するためには良好な対人関係を築くことは極めて大切です。それを妨げるのがディレールメント（Derailment）という行動です。ディレールメントとは『初対面の人との関係を悪化させるマイナス行動』を意味します。

Derailment のグラフは今までの能力（コンピテンシー）のグラフと異なり、ポイントが高い方がマイナスです。特に80ポイントを超える項目は改善課題として下さい。

代表的なディレールメントの自衛論争性は「意味のない言い訳ばかりして相手を遠ざけてしまう行動」を指し、尊大性は「偉

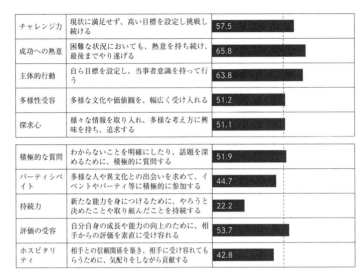

自衛論争性	自分の弱みを見せまいと、頑なに、言い訳や論争をする	42.5
尊大性	自分の実力以上に、偉そうな言動をする	51.2
完璧性	細かなことにこだわり過ぎて、目的を見失い、先に進まない	51.8
衝動性	感情をコントロールできず、突発的な行動をする	39.0
依存性	人に頼り過ぎ、自分の意思で決定しない	34.2
回避性	やらない言い訳や、できないと思い、積極的に行動をしない	39.6
孤立性	周囲と交わらず、協力が必要な場面でも、単独で行動している	49.0

出所：図 7-2 に同じ。

図 8-9　ディレールメントの診断シート例

ぶった態度を取り、相手の意見を聞かない行動」を指し、相手との関係を悪化させる行動です。

意図的に相手に嫌われたいと思う人はいないと思いますが、ディレールメントは無意識に行っている自動行動ですので自分では気づきにくいものです。測定値が高いディレールメントに留意して対人関係をマイナスにしないように自己チェックとして活用して下さい（図8―9）。

(3)　留学目標の設定とアクションプランの作成

留学において「どんな能力を向上させたいか」という目標を明確にして下さい。また、目標達成のためのアクションプランを作成して下さい。能力は行動特性の変化によって向上します。例えば、「相手の言葉を遮らず最後まで聞き取ることができる」という傾聴力という能力は、相手と積極的に関わるという『親和性』や、相手の感情や価値観を受容するという『柔軟性』、及び、中途半端にせず最後まで持続するという『徹底性』という行動特性で構成されていますから、これらの行動特性を変化させることで傾聴力という能力が向上します。

目標達成のためには次の4つが欠かせません。

① 目標を明確にする
② 立てた目標の達成方法（アクションプラン）を具体的にして日常行動に落とし込む
③ アクションプランにコダワリをもって毎日実行する
④ 変化を楽しみ、変化に取り組んでいる自分自身を褒めて、積極的に行う

(4) 帰国後の行動特性とコンピテンシー変化

帰国後に2回目のJAOS留学アセスメントテストにより行動特性やコンピテンシーの変化を確認できます。帰国後も変化を持続して下さい。せっかく変化した行動特性も中断すると元に戻ってしまいますから注意して下さい（図8—10）。

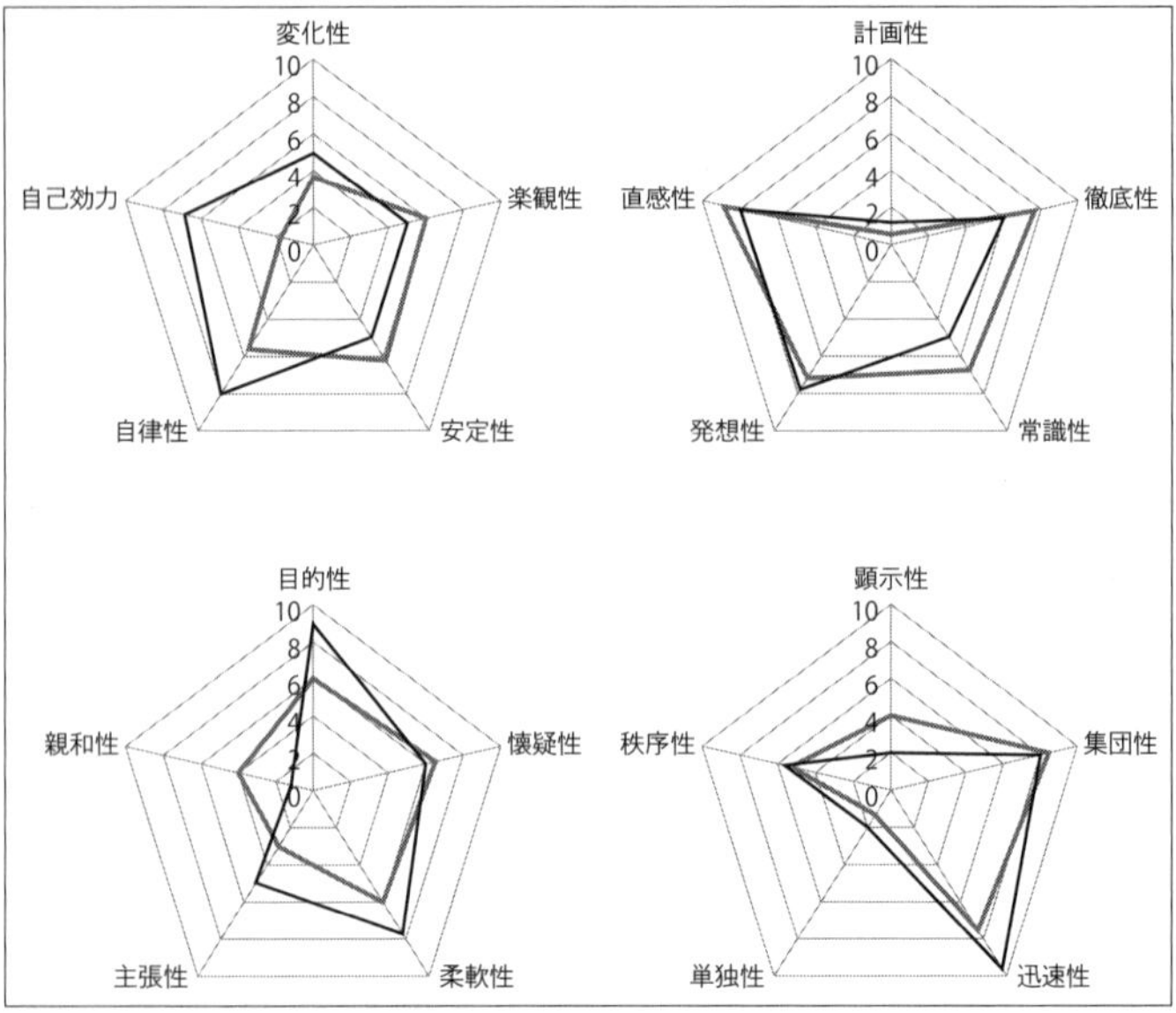

出発前：薄グレー
帰国後：濃グレー

留学における能力の向上

コミュニケーション力 communication 診断

傾聴力	相手の言葉を遮（さえぎ）らず、最後まで聞き取る力	
共感力	相手の感情や気持ちに寄り沿い、素直に共感する力	
受容力	相手の意見や考え方を、批判をしないで、ありのままに受け容れる力	
自己開示力	自分の考えていることや感じていることを、積極的に伝える力	
主張力	自分の考えや意見を、明確に発言し、伝える力	
プレゼンテーション力	資料やデータを用い、相手に分かりやすく説明する力	

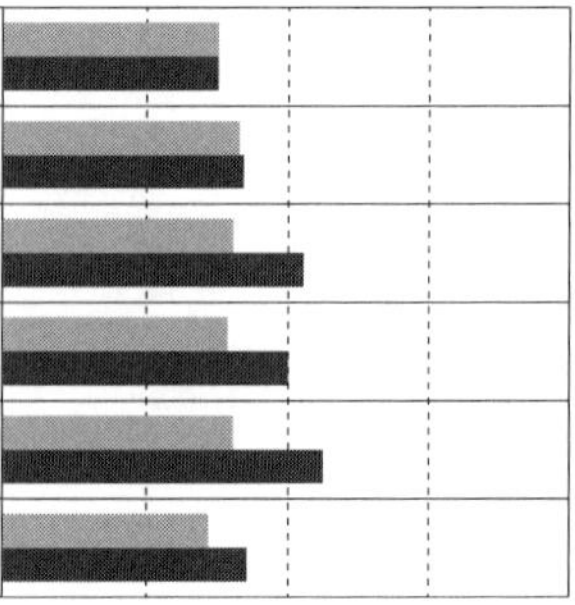

Global Problem Solving（問題解決力）診断

計画立案力	目標の達成に向けて、短期的・長期的な計画を立てる力
情報収集力	情報のネットワークを築き、多方面から情報を収集する力
企画提案力	アイディアを企画化し、情報やデータを総合し、提案する力
迅速実行力	課題達成のために、素早く意思決定し、迅速に行動する力
変化応用力	環境の変化や関係者に合わせて、柔軟に対応する力
完結達成力	目標や課題を中途半端で終わることなく、完結する力

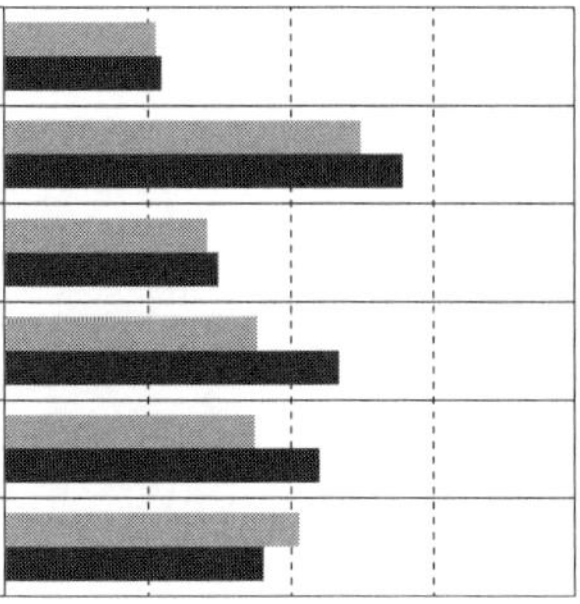

【留学を成功に導く】Global Mind 診断

チャレンジ力	現状に満足せず、高い目標を設定し挑戦し続ける
成功への熱意	困難な状況においても、熱意を持ち続け、最後までやり遂げる
主体的行動	自ら目標を設定し、当事者意識を持って行う
多様性受容	多様な文化や価値観を、幅広く受け入れる
探求心	さまざまな情報を取入れ、多様な考え方に興味を持ち、追求する

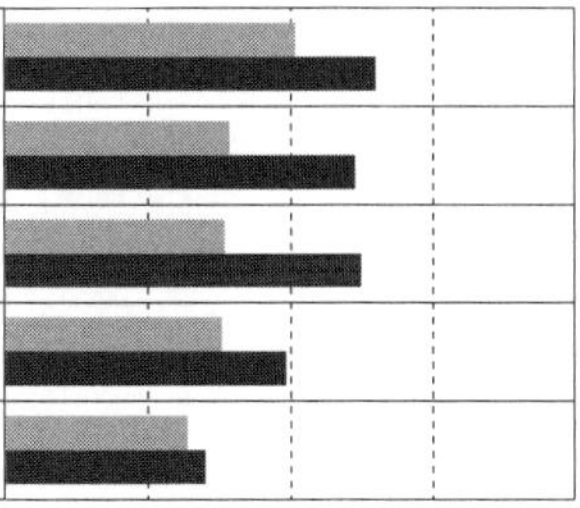

【大学・授業において求められる行動】Global Behavior 診断

積極的な質問	わからないことを明確にしたり、話題を深めるために、積極的に質問する
パーティシペイト	多様な人や異文化との出会いを求めて、イベントやパーティ等に積極的に参加する
持続力	新たな能力を身につけるために、やろうと決めたことや取組んだことを持続する
評価の受容	自分自身の成長や能力の向上のために、相手からの評価を素直に受け容れる
サービスマインド	信頼関係を築き、相手に受入れてもらうために、気配りをしながら相手に役立つことを積極的に行う

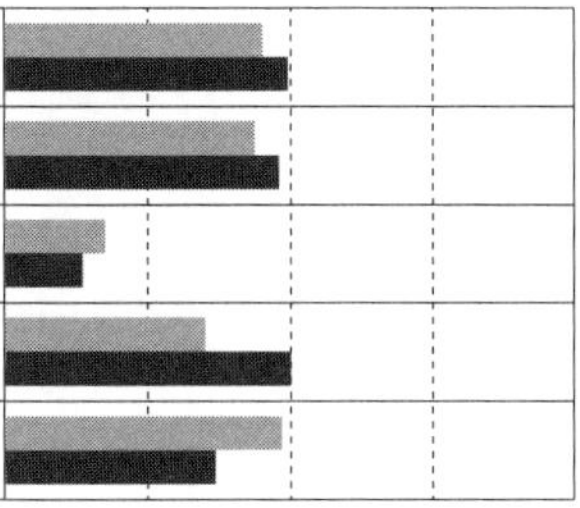

出所：図 7-2 に同じ。

図 8-10　留学におけるの変化の診断測定シート例

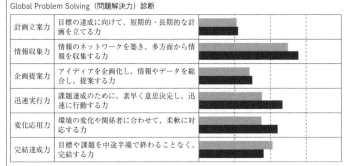

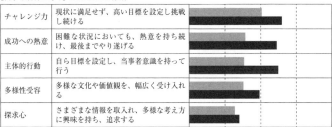

（参考補足）

一橋大学では２０１６年以降（２０２０年を除く）毎年、留学における変化分析をしています。直近（２０２１年度）の調査では表８―５及び表８―６に見られるようにコミュニケーションの「受容力」と「主張力」、問題解決能力の「情報収集力」と「迅速実行力」、グローバルマインドの「成功への熱意」と「主体的行動」が統計的に有意な上昇がみられました。また、ディレールメントでは「完璧性」「依存性」「回避性」に有意な低下が確認され、行動特性では「自律性」に有意な向上が認められ「徹底性」と「秩序性」は有意な低下が認められました。これらのデータから「留学を通して積極的かつ自律的に行動する力が高められ、新しい環境においてさまざまな問題に直面する中で完璧主義的な考え方や行動を見直して臨機応変に対応する行動が増えた」と推察されます。

（＊分析は「平均値（*M*）、標準偏差（*SD*）、*t* 検定」で示しています。表中の *Cohen d* 列の効果量は 0.8 以上であれば大きな変化、0.5 ~ 0.8 は中程度、0.2 以下は小さな変化を意味します。）

表 8-5 「4 つのグローバル力」の変化（2021 年度）

	留学前		留学後			
	M	*SD*	*M*	*SD*	*t*	*Cohen d*
傾聴力	46.09	8.29	44.57	9.06	-1.50	0.15
共感力	47.39	9.02	48.28	11.00	0.76	0.08
受容力	44.21	7.49	46.55	8.89	2.29 *	0.23
自己開示力	58.60	10.46	59.93	10.13	1.29	0.13
主張力	49.98	11.61	52.26	11.80	2.02 *	0.20
プレゼンテーション力	54.72	9.88	55.59	9.25	0.87	0.09
コミュニケーション平均	50.17	5.88	51.20	6.48	1.48	0.15
計画立案力	48.26	10.91	47.17	11.86	-0.89	0.09
情報収集力	49.30	10.48	53.11	11.54	2.99 **	0.30
企画提案力	55.24	8.23	54.65	7.55	-0.63	0.06
迅速実行力	42.62	7.93	44.92	8.33	2.27 *	0.23
変化応用力	52.45	9.69	53.86	9.19	1.29	0.13
完結達成力	52.93	11.21	52.42	10.00	-0.40	0.04
問題解決能力平均	50.13	5.25	51.02	4.71	1.50	0.10
チャレンジ力	50.53	8.28	51.61	9.50	1.17	0.12
成功への熱意	47.05	10.16	50.62	10.46	3.20 **	0.32
主体的行動	47.31	10.49	50.60	11.24	2.44 *	0.25
多様性受容	45.96	8.27	47.27	9.13	1.28	0.13
探究心	46.78	8.40	47.16	7.77	0.44	0.04
グローバルマインド平均	47.53	5.88	49.45	6.06	2.92 **	0.29
積極的質問	53.72	8.14	53.60	8.83	-0.12	0.01
パーティシペイト	59.09	9.08	59.19	8.82	0.09	0.01
持続力	49.60	13.57	45.41	14.14	-2.89 **	0.29
評価の受容	44.93	7.36	46.26	8.59	1.41	0.14
ホスピタリティ	43.14	7.07	43.93	8.59	0.81	0.08
グローバルビヘイビア平均	50.10	4.01	49.68	4.59	-0.81	0.08

注：** は 1% 水準，* は 5% 水準でそれぞれ有意であることを示す。

出所：森有礼高等教育国際流動化機構『海外派遣留学（2021 年度出発）による学生の能力及び行動特性の変化について』（https://arinori.hit-u.ac.jp/wp2022/wp-content/uploads/2024/05/%E7%95%99%E5%AD%A6%E3%82%A2%E3%82%BB%E3%82%B9%E3%83%A1%E3%83%B3%E3%83%88%E3%83%86%E3%82%B9%E3%83%882021%E5%B9%B4%E7%B5%90%E6%9E%9C%E5%A0%B1%E5%91%8A%E6%9B%B8%E8%A8%98%E8%BF%B0%E7%89%88240419.pdf）。タイトル「留学におけるグローバル能力、及び、行動特性の変化（2021 年度）」。

表 8-6　ディレールメント、及び、行動特性の変化（2021 年度）

	留学前		留学後			
	M	*SD*	*M*	*SD*	*t*	*Cohen d*
ディレールメント						
自衛論争性	38.38	8.04	38.16	9.30	−0.23	0.02
尊大性	51.00	7.35	52.00	8.23	1.33	0.13
完璧性	38.27	10.10	34.91	10.54	−3.01 **	0.30
衝動性	39.03	9.27	39.35	9.57	0.35	0.04
依存性	45.47	9.37	41.81	8.87	−3.14 **	0.32
回避性	39.61	8.70	37.08	8.72	−2.54 *	0.26
孤立性	35.80	12.02	34.84	11.84	−0.66	0.07
ストレス						
ストレス状態	35.02	5.63	33.22	6.20	−2.51 *	0.25
ストレス耐性力	53.54	9.32	52.73	9.20	−0.68	0.07
行動特性プロフィール						
認識の傾向						
楽観	6.25	2.15	5.82	2.29	−1.66	0.17
自己効力	4.32	1.88	4.82	2.02	1.91	0.19
自律	4.43	1.83	4.98	1.91	2.51 *	0.25
変化	4.68	2.15	4.61	2.29	−0.27	0.03
安定	5.28	2.15	5.35	2.29	0.27	0.03
関係の傾向						
主張	5.59	2.31	5.73	2.22	0.63	0.06
柔軟	5.44	2.40	4.97	2.46	−1.81	0.18
親和	3.19	2.14	3.08	1.94	−0.39	0.04
目的	6.78	2.15	6.88	1.94	0.39	0.04
懐疑	4.31	2.26	3.87	2.41	−1.59	0.16
対応の傾向						
計画	4.73	1.99	4.56	2.07	−0.66	0.07
直感	5.31	1.99	5.48	2.07	0.66	0.07
発想	3.11	1.98	3.26	2.09	0.58	0.06
常識	5.19	1.91	5.37	1.94	0.70	0.07
徹底	4.53	2.25	3.97	2.16	−2.37 *	0.24
表現の傾向						
顕示	7.11	2.00	6.90	2.06	−0.89	0.09
集団	6.07	2.15	6.13	2.25	0.21	0.02
単独	3.87	2.15	3.82	2.25	−0.21	0.02
秩序	5.10	2.24	4.50	2.45	−2.12 *	0.21
迅速	4.59	2.01	5.04	2.29	1.61	0.16

注：** は 1% 水準，* は 5% 水準でそれぞれ有意であることを示す。
出所：表 8-5 に同じ。

第9章　行動特性の活用事例②：セールス・コンピテンシーの向上モチベーション、動機づけ

本章では行動特性を活かしたセールス能力（コンピテンシー）の向上研修の事例紹介と心理学や脳科学におけるモチベーションや動機づけに関しての研究を概括します。

A　セールス能力（コンピテンシー）の向上研修

セールス能力の向上研修としてリフォーム会社（以下R社と呼びます）で実施した研修を紹介します。６カ月で３回研修を実施した結果、売上金額が約１・８倍に伸びた事例です。

ステップ①　事前準備：高業績者の営業コンピテンシーの抽出

優秀者グループ（R社の人事査定の２年間の平均が６・０以上）と一般グループ（人事査定５・５

以下）の行動特性とコンピテンシーを行動特性診断テストにより分析し、R社の営業職に必須なコンピテンシーを抽出。これを「R社の営業コンピテンシー」と名付けました（図9—1）。

（参考補足）「セールス・コンサルタントのコア・コンピテンシー（前述注95）」

R社の営業コンピテンシーをベースにして行動特性研究所では「セールス・コンサルタントのコンピテンシー」として左記の項目を設定し、能力向上研修を支援しています。

（A）実践力：行動力、課題発見力、対人関係構築力、決断力

（B）プロセス管理力：計画・進行管理力、関係維持力、持続力、協働力

（C）企画提案力：説明力、問題分析力、論理力、改善力

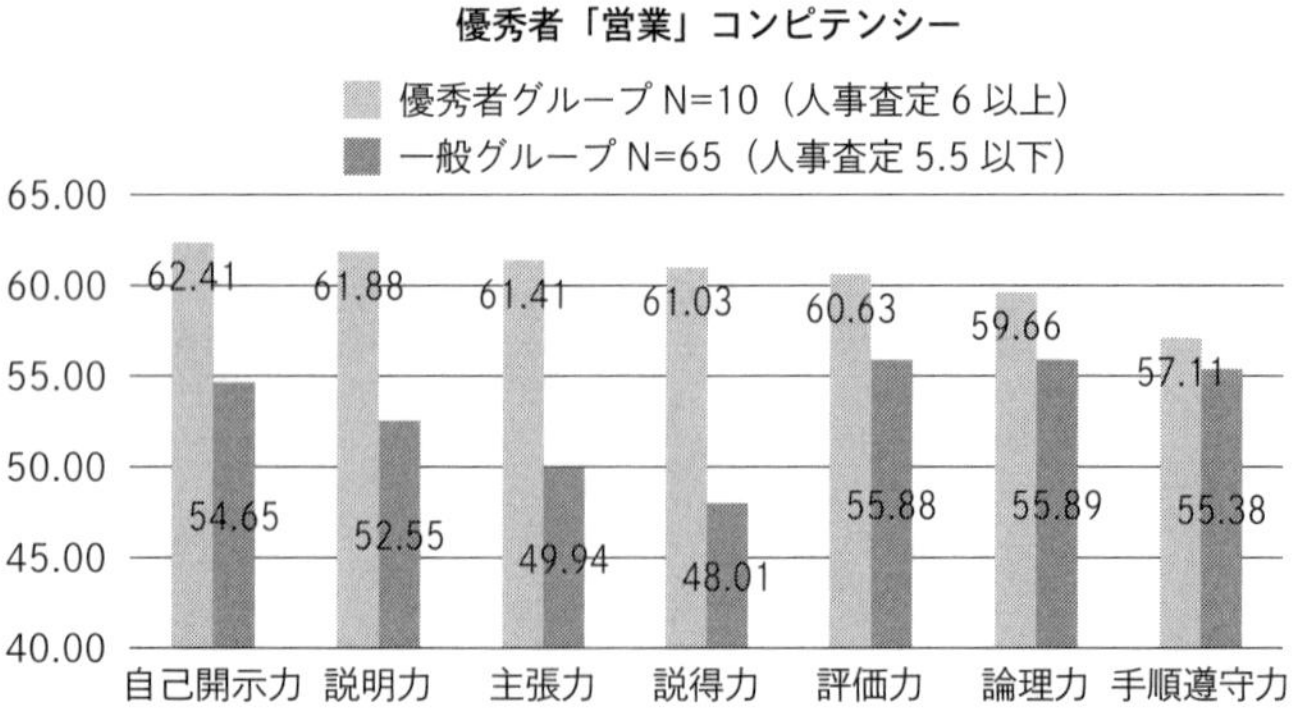

出所：著者作成。

図 9-1　R社の営業コンピテンシー
「コンピテンシー評価の優秀者グループと一般グループの測定結果」

ステップ②　研修の実施：6カ月間に3回実施
初回研修では「R社営業コンピテンシー」向上のための具体的な行動計画を作成し、3カ月後の中間研修では（初回に作成した）行動計画の進捗状況をヒアリングして今後の取り組みへのアドバイスを行い、6カ月後の最終研修では行動特性診断テストの2回目の実施により研修前と研修後のコンピテンシー変化を測定して変化の持続を図りました。

ステップ③　研修効果の振り返り：変化の持続化
研修参加者の営業成績が平均で約1・8倍に増加。コンピテンシーの変化と達成度の見える化により向上した能力の持続を支援。

参加者の実例として2名のケースを紹介します。

事例①　「K氏のケース」
K氏は「顧客とのアポイント数が少ない」ことが問題点として挙げられ、R社営業コンピテンシーの測定値では「主張力」が最も低かった。研修では『主張性と柔軟性』という行動特性の変化を行動目標として設定しました。結果として主張力は7・81％向上し、売上高が約2倍に増加しました（図9—2）。

事例②「A氏のケース」

A氏は「顧客とのアポイント数は多いが成約率が低い」ことが問題点として挙げられ、R社業営業コンピテンシーの測定値では「完結達成力」が最も低かった。研修ではこのコンピテンシーの向上を目標とし、そのために『徹底性』という行動特性の変化に取り組みました。結果としては「完結達成力」が29・13％向上し、売上高が約2倍となりました（図9—3）。

企業等での成果の上がる研修の要素を整理すると下記のようになります。

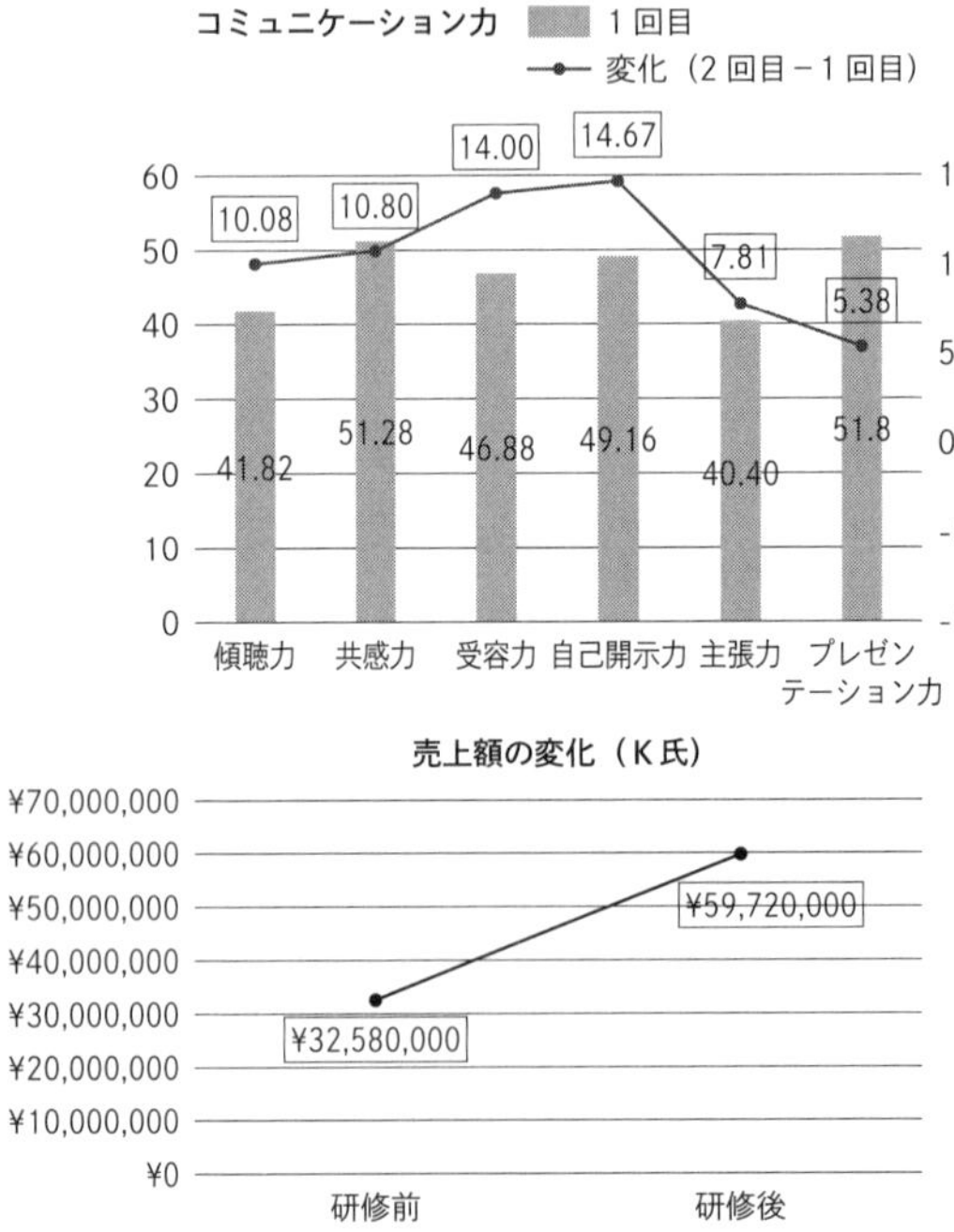

出所：著者作成。

図9-2　K氏のケース「コンピテンシー変化と営業売上高の変化」

①企業（集団）の職種や職務（ポジション）に必須なコンピテンシーを抽出

②抽出したコンピテンシーを行動特性診断テストで測定

③行動変容を促す研修によるコンピテンシーの向上

・目標（向上させるコンピテンシー）と目標達成のためのアクションプランを作成

・行動変容の取組を楽しみ、積極的な実施（モチベーション・アップ）を支援

・成果の向上と成長の持続化（習慣化）

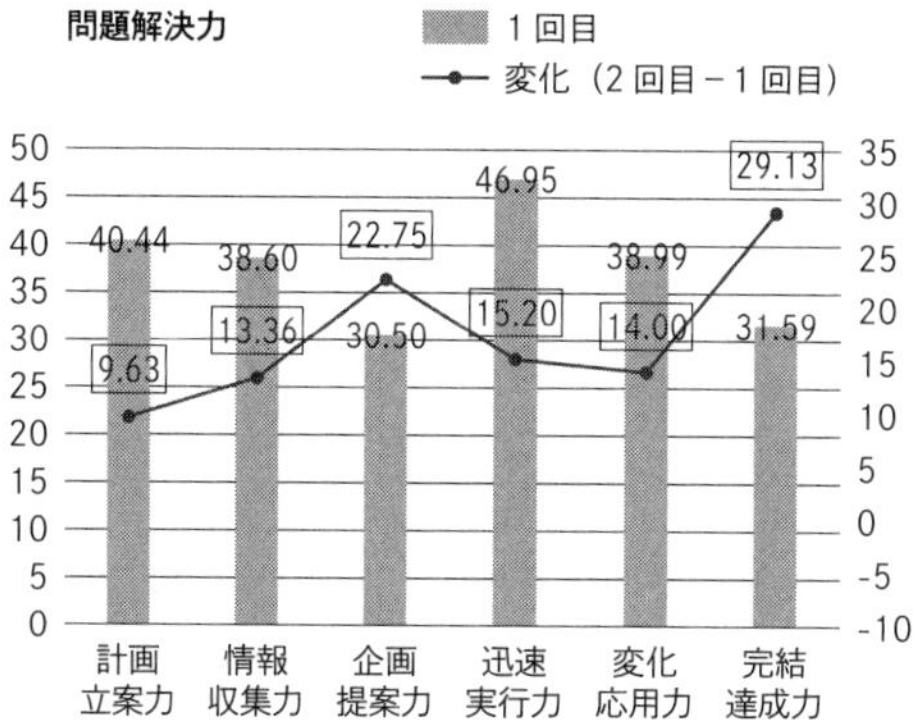

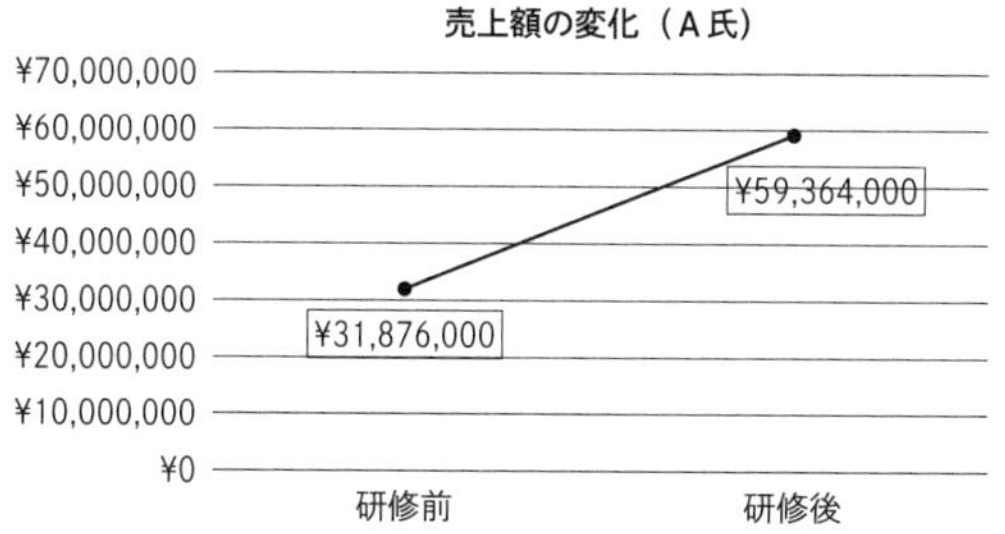

出所：著者作成。

図9-3　A氏のケース「コンピテンシー変化と営業売上高の変化」

（参考補足①）研修効果の検証

営業成績（売上高）は本人の努力だけではなく経済環境の影響を大きく受けます。景気が良く所得が伸びる時期には一般的に売上が拡大します。売上の増加が研修の効果によるのかどうかの検証としてB社の営業職者を研修グループと非研修グループに分けて調査をしました。結果的には左記のグラフのように研修グループは売上高が約3倍になり非研修グループは微増でした。また研修グループのコンピテンシー向上率はほとんどの項目で非研修グループを上回っていました（図9―4）。

（参考補足②）コンピテンシー変化と営業成績の相関検証

コンピテンシー変化と営業成績（売上）の相関を確認するために営業成績が向上したグループと非向上グループのコンピテンシーの変化を比較しました。向上グループのコンピテンシー向上率は非向上グループを上回っていたことが解り、営業成績の向上にコンピテンシー教育が有効であることが確認できました（図9―5）。

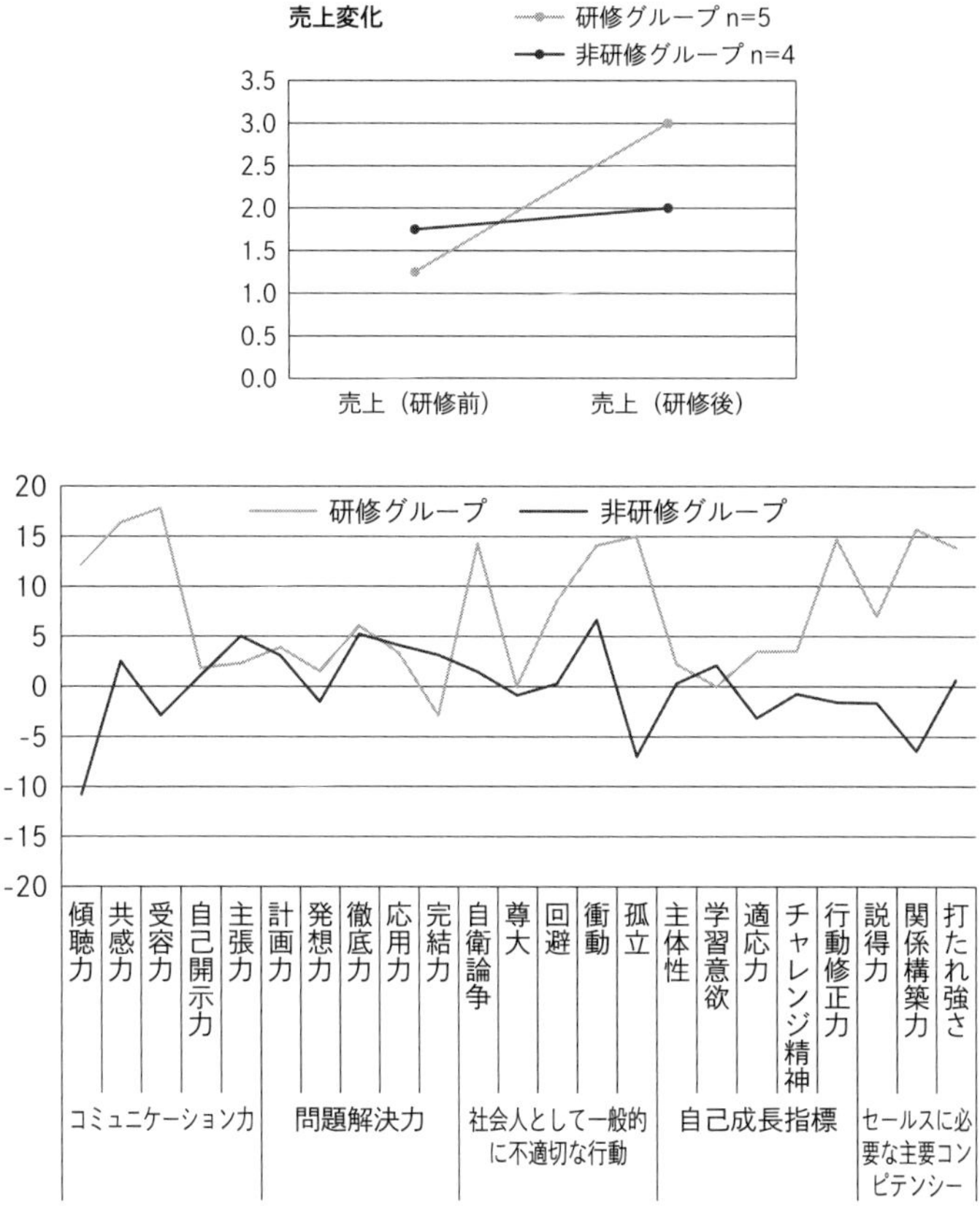

出所：著者作成。

図 9-4　研修グループと非研修グループとの
コンピテンシー変化と売上高変化

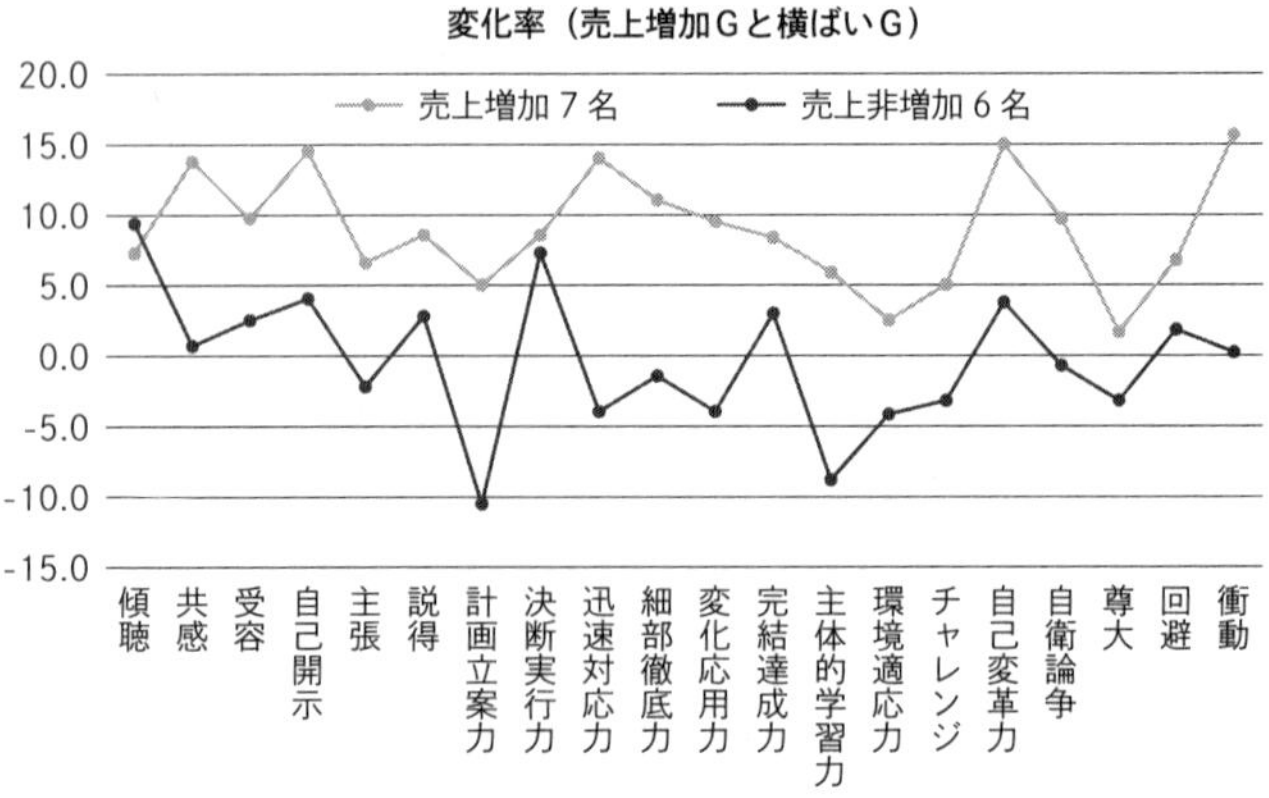

出所：著者作成。

図9-5　コンピテンシー変化と営業成績（売上）

B　モチベーション、動機づけ

コンピテンシーの向上のためには、それを構成している行動の変化が不可欠です。行動変容に関してジム・コリンズ（Jim Collins）らは次のように述べています。

① 変えるのは一度に1つだけ

人間がマルチタスクに向いていないことは数々の研究で明らかにされている。一度に変える行動は1つに絞ろう。複数の行動を変えるには、順繰りに取り組むとよい。

② 行動目標を具体化し、実行に結びつける

目標は具体的で測定可能にしなければ効果がない。これは行動変革についても同じだ。「積極的に耳を傾けよう」は曖昧で測定不可能だ。「相手

の発言を別の言葉に置き換えて伝え返し、自分が正しく理解しているかをチェックする」であればば具体的かつ測定可能となる。

③　鮮烈なイメージを見せる

ストーリーや比喩、画像、道具を用いて（ビビッドな）イメージを描き出してみよう。そうすれば変革へと突き動かす感情を喚起できる。

④　ピアプレッシャー（仲間からの圧力）を活用する

人は親しい他者を見て、許容される行動についての指針を得ている。私を期待したり、恥じ入らせたり、あるいは手本となったりするピアプレッシャーは効果的に作用する。行動変革で特に大切なことは自己に喜びを与えることだ。脳は快を得るとそれをもたらした行動を持続しようとする。目標とする行動を行ったら「好きなものを食べる、好きな音楽を聴く」などのご褒美を与えて自己を褒めることで持続が促される[116]。

習慣とは無意識のうちに繰り返される行動や思考のパターンです。習慣を変えるためにはその習慣に気づくことが必要です。気づかなければ習慣を変えることも変えようと意識することもできません。気づいて意識することができればコントロールが可能になります。行動特性は習慣化された行動傾向を現していますので、これを知ることで無意識に行っている習慣に気づくことができます。しかし、一旦出来上がった習慣を変えるには強い意志と粘り強い持続が必要です。意志を高める動機づけに関しての行動心理学、外的・内的動機、自己肯定感、認知不協和などの研究を紹介します。

(1) 行動の動機づけ「行動心理学」

行動は刺激（Stimulate）と反応（Response）の結合により生じるという行動心理学の研究が1900年前後からパブロフ（Ivan Pavlov）やワトソン（John Watson）を筆頭に盛んになりました。パブロフは「イヌは餌を貰うと唾液を分泌する。餌は無条件刺激で唾液は無条件反射である。餌と一緒にベルを鳴らすと、次第にベルの音だけで唾液が出る。この時のベルは条件刺激で、ベルによる唾液は条件反応である。ベルによって犬に行動を生じさせる」という条件づけの研究をしました。ワトソンは人間にも条件反応を生じさせることができることを研究し、ソーンダイク（Edward Thorndike）は刺激と反応という単純な行動だけではなく試行錯誤による学習行動を研究し、スキナー（Burrhus Skinner）は自発的行動（オペラント反応）を実験調査して行動心理学を発展させました。

これらの研究により正の強化による行動の促進や負の強化による行動の消去という行動学習や刺激や報酬の頻度や間隔による学習効果の知見が蓄積され、現在も広く使用されるようになりました。しかし、初期の行動学習理論は動物実験が多く、人間を対象とした実験においては個人差の影響により統一性が現れないことや、実験室での行動と生活場面での行動は一致しない（これを生態的妥当性と言います）ことなどが問題点として指摘されています。

（参考補足）行動主義の理論

A　古典的条件づけ【パブロフ】

条件刺激と無条件刺激を組み合わせて繰返し与えると、条件刺激だけにも行動反応を起こす。条件付けが成立するためには次の2つのことが必要です。

・条件刺激が無条件刺激の前にあたえられること
・条件刺激と無条件刺激の間隔が長すぎないこと

B　道具的条件づけ【スキナー】

行動した結果が報酬的（肯定的な結果）であればその行動を繰り返す頻度が高まるが、結果が侵害的（否定的な結果）であればその行動頻度が低くなる。報酬や罰などによって学習が強化される現象を「オペラント条件づけ」と言う。

・報酬としての効果を持つ正の強化子
一次性強化子：本能的欲求の充足につながる強化子（食物・セックス・安全な環境など）
二次性強化子：社会的欲求や承認欲求の充足につながる強化子（肯定・賞賛・承認・金銭など）
・罰としての効果を持つ負の強化子
叱る、怒る、無視するなどの不快的な嫌子刺激

(2) 行動の動機づけ「外的動機と内的動機、エンハンシング効果とアンダーマイニング効果」

初期の行動心理学は外部刺激による行動の強化や消去の実験が主でしたが、人間の行動には内的な自発性によることも多いと考えられ、価値観や内発的動機づけ（intrinsic motivation）、自己肯定感（self-esteem）による行動の研究が進みました。

内発的動機づけとは報酬などの外部要因による活動ではなく、運動やスポーツなどのようにそれ自体を楽しみ、活動自体に価値をおくような、自己目的性による活動の促進を指します。内発的動機づけを高めるには次の3要素が必要だと言われています。

・自己決定感……自分で決めたことを主体的にやっているという自己意識
・達成動機……自分で掲げた目標に到達しようとする意欲
・有能感……自分はそれができる（有能である）という実感

内発的動機づけは「報酬」に拠らないことが特徴だと言われてきましたが、自己決定感は「内的な」報酬に支えられていると考えられたり、内発的と外発的に二分できないものもある、という観点から内発的動機と外発的動機は連続的に変化するという研究もあります。その代表的な研究がエンハンシング効果とアンダーマイニング効果です。

エンハンシング効果（enhancing effect）とは賞賛や鼓舞という外的動機づけが内的動機を高めて

行動を強化する現象で、エリザベス・ハーロック（Elizabeth B. Hurlock）の実験により確認されました。同じ教室の小学生（平均9～11歳）を3つのグループに分けて、問題やテスト時間などはすべて同じ算数のテストを5日間行い、答案を返す時の先生の態度だけを次のように変えました。

Aグループ：どんな点数でも、できていた部分を褒めて返す
Bグループ：どんな点数でも、できていない部分を叱って返す
Cグループ：何も言わないで返す

その結果、褒められたAグループの生徒は成績が向上し続け最終日には約71％も成績が上昇しました。一方、叱られたBグループの生徒は2日目には約20％成績が上昇したが、その後は低下し、何も言われなかったCグループの生徒は2日目には約5％の成績が上昇したものの、その後はほとんど変化しなかった。この結果から褒め言葉や激励は学習を促進する効果があり、叱責は初めは効果があるが持続性が低いことが確かめられました[117]。

賞賛という外的動機づけが自らを褒めるという内的動機を高めることに効果をもたらすことを明らかにした実験です。

脳科学では「やる気」とは「行動を起こそうとする気持ち」であり報酬系と呼ばれる神経伝達物質の『ドーパミン』と深く関係しており、ドーパミンは快楽を期待した段階で分泌されると研究されて

います。好きなことをしたり褒められたりすると「楽しい、嬉しい、気持ちいい」といった快楽の感情が生まれてきますが、その感情が生じる前にドーパミンが分泌されており、ドーパミンによって得られた感情は記憶を蓄える『海馬』で整理されて大脳皮質に長期記憶されます。この記憶が、また楽しくなりたいまた気持ちよくなりたいという欲求を生み、その欲求を満たすためにまた頑張ろうとするのです。

生理学者の出馬圭世は機能的核磁気共鳴機能法（ｆＭＲＩ）を使用して「褒められる状況と報酬としてお金がもらえる状況」の脳の反応を調べた結果、どちらも脳の線条体が活性化していることを明らかにしました。「褒めると育つ」という教育心理学と脳科学の知見が結びついた実験です[118]。

ここで気をつけなければならないことはエンハンシング効果を得るためには結果ではなく行動を褒めることです。結果だけを褒められると「失敗すれば叱られる」という恐れの気持ちが生まれたり、「自分は能力がある」と考えて努力しなくなる危険性が生じるからです。また、内発的に動機づけられた行動に対して報酬を与えるなど外発的動機づけを行うことによって動機づけが低減するという心的現象があります。それはアンダーマイニング効果（undermining effect）という現象でエドワード・デシ（Edward L. Deci）らによって研究されました。大学生を2つのグループに分け3日間パズルを解く実験をしました。Aグループは3日間とも無報酬で、Bグループには2日目はパズルが解ける度に報酬を与え3日目は無報酬にしたところ、Bグループは2日目の休憩時間中はAグループよりもパズルを解く時間が多かったが、報酬が支払われなかった3日目には逆にかなり少なくなることが示されました。金銭という外発的な報酬がパズルを解くという内発的に動機づけられた行動を低下させる現象です[119]。

同じように、幼稚園児を「絵を描いたらご褒美をあげると約束したグループ」、「事前に褒美の話はせず、絵を描いた後に褒美をあげるグループ」、「褒美の話はせず、絵を描いた後も褒美をあげないグループ」に分けて行動観察した結果、「あらかじめ褒美を約束されて絵を描いたグループ」は他の2つのグループに比べて絵を描く時間が短くなるという報告も発表されています。事前に褒美が約束されたことにより、その後は褒美がなければ自発的な行動が減るという心的現象です。このように「やりがい」や「好奇心」といった内発的動機づけを原動力としていた行動に対して、お金や名誉という外発的動機づけが与えられることで「報酬を目的とする行動になり、報酬がなければ行動が減る」というのがアンダーマイニングの現象です。教育や人材マネジメントにおいて外発的動機づけや内発的動機づけなどを使い分けて効果を高めることが重要です。

（補足参考）内的動機づけ「核となる欲求」

スティーブン・リース（Steven Reiss）は人にとっての大切な目標や心理的に重要な意味を持つ目標を３２８項目リスト化し、その回答の解析と調査により、人が望む基本的欲求を16カテゴリーで抽出しました。「人の幸せには『気持ちがいいときに感じる幸せ』と『有意義なことをしたときに感じる幸せ』の2種類あり、『気持ちがいいときに感じる幸せ』は好きなものを食べているときやテレビを観ているときなどの日常にいくらでもある幸せだが、こうした快感は一過性のもので、人の内なる欲求までは満たすことはない。『有意義なことをしたときに感じる幸せ』は意味のあることをしていると実感し満ちたりた幸せであり、それが自分の核となる基本的欲求が満たされたときに感じる幸せである。人生にとって本当に大切なもの（本当に欲しいもの）は16の欲求のどれか（あるいは複数の組み合せ）であり、その欲求を充たすことが幸せの鍵である」と考えました。参考として16カテゴリーを紹介します。

① 力：他人を支配したい（影響力、指導力、支配力などを及ぼしたい）という欲求
キーワード：支配力、影響力、指導力、統率力、達成感、権威・権力志向、業績志向、野心、栄光、学力志向

② 独立：人に頼らず自力でやりたいという欲求
キーワード：独立心、自主性、自由意志、自立精神、独自性

③ 好奇心：知識を得たいという欲求
キーワード：探究心、知識欲、向学心、学究的、興味、自己啓発

④ 承認：人に認められたいという欲求
キーワード：承認、協賛、自信、拒絶や批判に敏感、自尊心

⑤ 秩序：ものごとをきちんとしたい（いつも通りの行動をしたいなど）という欲求
キーワード：ルール、規律、計画、管理、整理整頓、清潔、几帳面

⑥　貯蔵：物を集めたいという欲求
キーワード：倹約、物持ち、収集、コレクター、買い物、所有、物欲、貯金
⑦　誇り：人としての誇りを求めるという欲求
キーワード：道義心、倫理観、道徳観念、義務感、愛国心、郷土愛、愛社・愛校心、品性
⑧　理想：社会正義を追求したい（世の中をよりよくしたい）という欲求
キーワード：正義感、使命感、愛他心、公正、フェアプレー、社会貢献、慈善
⑨　交流：人とふれあいたい（遊びたい）という欲求
キーワード：友情、仲間、社交、遊び、人好き、外向的
⑩　家族：自分の子供を育てたいという欲求
キーワード：子育て、子供への愛、家庭的
⑪　地位：名声を得たい（注目されたい）という欲求
キーワード：立身出世、上流階級、ステータス、エリート意識、高級志向、ブランド志向、優越感、名誉欲
⑫　競争：競争したい（勝ちたい）という欲求
キーワード：競争心、ライバル意識、勝利、攻撃、復讐、正当性、執念
⑬　ロマンス：セックスや美しいものを求める欲求
キーワード：恋愛、性欲、芸術、音楽、美意識
⑭　食：ものを食べたいという欲求

キーワード：食べもの、食欲、グルメ、肥満
⑮ 運動：体を動かしたいという欲求
キーワード：運動、スポーツ、筋肉
⑯ 安心：心穏やかでいたい（不安や恐れを感じたくない）という欲求
キーワード：ストレス、不安、恐れ、パニック、臆病

(3) 行動の動機づけ「自己肯定感、認知不協和理論」

特定の行動に取組むためには「自分にはできる」という自信が必要で、アルバート・バンデューラ（Albert Bandura）は人が行動に移すかどうかは自己効力感（self-efficacy）の高さによって決まると述べています。自己効力感とは望む結果を出すために適切な行動を取ることができるという確信の高さを現わし、自己効力感が高まらないと行動に移すことが難しいとされている動機づけです。自己効力感には、特定の行動をすれば期待する結果が得られるという「結果予期」と、その結果を生み出すための行動を自分ならできるという「効果予期」の2つの要素から成り立つと考えられ、それらは左記の諸項目から生じると考えられています。[121][122]

1. 達成経験（自分自身が何かを達成したり、成功したりした経験）
2. 代理経験（自分以外の誰かが何かを達成したり成功したりすることを観察）

3．言語的説得（自分に能力があることを言語的に説明されること、言語的な励まし）
4．生理的情緒的な高揚（酒などの薬物やその他の要因での気分の高揚）
5．想像的体験（自己や他者の成功経験を想像すること）
6．承認（他人から認められること）

右記2の「代理経験」はモデリングによる学習理論として社会的学習理論の中核となる重要な研究です。従来の学習理論は本人の経験を前提としていたのに対し、モデリング学習は他者の行動の観察によっても成り立つことが確認され、脳神経科学のミラーニューロンの発見に伴って実証的に裏付けられた理論となりました。

ワイナー（Bernard Weiner）は動機づけを「要因」と「状況・状態」の組み合わせで考えました。要因には内的要因と外的（環境）要因があり、状況・状態には安定性（固定的）と不安定性（変動的）に分けられます。動機づけが高い人は、成功の原因を内的要因である能力や努力に帰属させ、失敗の原因を変動的な運や努力不足に帰属させる傾向が強いとされ、一方、動機づけが低い人は、成功の原因を外的要因である課題の難易や運に帰属させ、失敗の原因を能力に帰属させる傾向が強いとされました。失敗の原因を能力に帰属させると「何をしてもムダだ」というあきらめの気持ちが強くなり達成動機が低下してしまうからです（表9―1）。

表 9-1　原因帰属のマトリックス

	固定的	変動的
内的要因	能力	努力
外的要因	課題達成の困難度	運（環境や状況の影響）

出所：著者作成。

表 9-2　行動の動機づけ研究

社会的動機	ヘンリー・マレー Henry Alexander Murray	生理的欲求 12 種類 社会的欲求 28 種類
達成動機	デイビッド・マクレランド David McClelland	達成動機、権力動機、親和動機
仕事への動機づけ	フレデリック・ハーズバーグ Frederick Herzberg	満足度に関わる「動機づけ要因」 不満に関わる「衛生要因」
失敗回避	ジョン・アトキンソン John William Atkinson	目標を達成したいという「達成動機」 失敗をしたくないという「失敗回避動機」
ポジティブ動機	マーティン・セリグマン Martin E. P. Seligman	ポジティブ心理学 学習性無力感
期待動機	ビクター・ブルーム Victor H. Vroom	VIE 理論（誘意性 valence、有効性 instrumentality、期待性 expentancy）

出所：著者作成。

（参考補足）行動の動機づけに関するその他の代表的な研究を紹介します（表9—2）。

(4)　行動の動機づけ

「人生観や価値観による動機づけ」

マズロー（Abraham Harold Maslow）は人間は自己実現に向かって絶えず成長すると仮定して、人間の欲求を5段階の階層として体系化し、自己実現理論（Maslow's hierarchy of needs）を提唱しました[123]。

第1階層：生理的欲求（Physiological needs）

第2階層：安全の欲求（Safety needs）

第3階層：社会的欲求／所属と愛の欲求

(Social needs/Love and belonging)

第４階層：承認（尊重）の欲求（Esteem）

第５階層：自己実現の欲求（Self-actualization）

生理的欲求とは、食欲や睡眠欲、排泄欲などの人間が生きていくための基本的かつ本能的な欲求で、生理的欲が満たされると、心身の安全が確保された生活を送りたいという第２階層の安全の欲求を求めます。乳幼児には安全の欲求が特に顕著に見られますが、成長するにつれて第３階層の「社会的欲求」が現れてきます。社会的欲求は「帰属欲求」や「所属と愛の欲求」とも呼ばれ、集団に所属したい、仲間を得たい、家族や友人などから受け入れられたいという欲求で、社会的欲求が満たされない場合は孤独や社会的不安を感じやすくなります。次の承認欲求とは他者から認められたいという欲求で、自己実現の欲求とは専門分野で成功したい、理想の家庭を築きたいなどという自己の価値観の満足を願う欲求です。第１階層から第３階層までは欠乏を満たすための外的な欲求で、第４階層の承認欲求と第５階層の自己実現欲求は自分の内面を充実させたいという内的な充足欲求だと位置づけられます。

「マズロー理論の欠乏の充足には一定の合理的判断を前提としているが、現実的には生理的欲求に逆らっても『痩せて綺麗だという賞賛』を求める人もいれば、命を捨てても（生理的欲求をかなえなくても）名誉に拘る人もいるという反例が挙げられ、また、５つのカテゴリーは階層的・独立的ではなく相互重複的であり、下位のカテゴリーが充足されないと上位に推移しないとは限らない」という批判がされています。しかし、マズローの欲求5階層説は、外側から見える行動ではなく意欲・感情などの主観的な心の動きに注目して人間心理を理解しようとするヒューマニスティック心理学（humanistic psychology）に分類され、マズロー理論の特徴は直感的な解りやすさでモチベーションを概説している点にあります。

身体的・生理的動機づけも社会的・心理的動機づけもどちらも欠乏欲求であり、欠乏という課題を克服するには「何かのためにする」という目的的な行動になります。一方、内的充足の動機づけは「～すること自体が好き、それをしたいからする」という行動そのものが目的となります。モチベーションを『何によって動機づけられるのか』という観点で捉えると目標管理や報酬システムの研究となり、『どのように動機づけられるのか』というテーマで考えると人間関係や認知パターンなどの研究となります。心理学の根源的に目指すものはDo it myself（何かをする）研究を通してBe somebody by myself（何かになる）ことの研究ですので、この意味ではこの2種類の動機づけを融合して考えてこそ有意義な理論になると思われます。

どんな理論にもそれなりの批判はつきものですが批判の多くは解釈の違いによるところが大きく、解釈の相違が生じるのは理論そのものが構成概念であり、それを目に見えない構成要素で説明するためです。構成概念は主観的なものですからその理論に説得力をもたらすために過去の研究成果を積み重ねるという手法が採られますが、そこに客観性の付与がなければ個々の解釈だけで終始してしまいます。見えない構成概念を見えない構成要素で組み立てたるのではなく、見える構成要素で組成することにより客観的な議論が可能になります。

（参考補足）ヒューマニスティック心理学の補足「人間のライフサイクル」

エリクソン（Erik Homburger Erikson）は人間の一生を「ライフサイクル」として捉え、精神発達の過程を8つの段階に分け、各段階にある課題を克服することで精神的発達を遂げることを体系化しました。[124]

1：乳児期「基本的信頼と不信」
2：幼児期1歳6カ月～4歳頃「自律性と恥」
3：遊戯期4～6歳頃「積極性　対　罪悪感」
4：学童期5～12歳「勤勉さ　対　劣等感」
5：思春期・青年期12～18歳頃「アイデンティティ　対　アイデンティティの混乱」
6：成人期18～40歳頃「親密性　対　孤立」
7：壮年期「世代性　対　停滞性」
8：老年期「自己統合　対　絶望」

ライフスタイルによる発達心理学の理論は児童教育やミッドライフ・クライシス（midlife crisis）などの研究や実践にも広く参考にされています。エリクソンは思春期・青年期のアイデンティティ

（identity）に強いこだわりを見せていました。アイデンティティとは個人が自分の内部に変わらずにずっとあり、他者もそれを認めてくれる自分らしさや個性のことを指します。アイデンティティの確立は簡単なことではなく困難が付きまとうためエリクソンは大人になる前の時期をモラトリアム（moratorium）として社会的責任を一時的に免除されている期間（猶予期間）として設定しました。アイデンティティを確立して真の生きがいを求めることができるか、確立できずにアイデンティティが混乱（拡散）して自己嫌悪感や無力感に陥ってしまうかがモラトリアム時期の特徴です。小此木啓吾は『モラトリアム人間の時代』でアイデンティティ混乱期の行動として次の5つを挙げています。[125]

回避的行動：将来的な展望を持たず、決定に対して無気力で回避する行動
拡散的行動：決定に一貫性がなく、方向性がブレて、興味の対象がスグに変化する行動
安易的行動：「とりあえず良さそうだから、とりあえず言われたから」という受動的な行動
延期的行動：選択を先延ばしにする行動
模索的行動：人生の選択に取り組み模索する行動

エリクソンは社会的で主体的な自己を確立する期間をモラトリアムと呼びましたが、コレット・ダウリング（Colette Dowling）は『シンデレラ・コンプレックス（*Cinderella complex*）』[126]で女性のモラトリアムの研究を行い、ダン・カイリー（Dan Kiley）は『ピーターパン・シンドローム（*Peter Pan Syndrome*）』[127]で男性のモラトリアム研究をしていますので併せて参考にしてください。

第10章　行動特性の活用事例③：コミュニケーション力の向上研修、リーダーシップ研修
対人関係力の研究（カウンセリング）

この章ではコミュニケーション能力の向上研修事例と心理学や脳科学における対人関係に関しての研究を概括します。

A―1　コミュニケーション力の向上研修

コミュニケーション（Communication）は相手の受信と自己の発信との相互交流で成り立っています。コミュニケーションが良かったかどうか（上手くいったかどうか）を決めるのは常に相手にあります。脳神経学者の池谷裕二も「セールスマンが商品を勧めるとき、買うか買わないかを決めるのは消費者です。恋人に想いを伝えるとき、プロポーズを受け入れるかどうかの決定権は告白された側にあります。教授が講義をするとき、授業に出るか出ないかの選択権は生徒にあります。こうした例を

傾聴力	相手の言葉を遮らず、最後まで聞き取る力	47.9
共感力	相手の感情や気持ちに寄り添い、素直に共感する力	44.2
受容力	相手の意見や考え方を、批判をしないで、ありのままに受け容れる力	54.6
自己開示力	自分の考えていることや感じていることを、積極的に伝える力	56.2
主張力	自分の考えや意見を、明確に発言し、伝える力	54.5
プレゼンテーション力	資料やデータを用い、相手に分かりやすく説明する力	57.3

出所：図 7-2 に同じ。

図 10-1　コミュニケーション力の診断シート

挙げるまでもなく受け手が主導権を握ることは、対人関係における普遍的な原理です」と簡潔に説明しています。(前述注71) 行動特性診断テストでは受信力を「傾聴力、共感力、受容力」の3項目で発信力を「自己開示力、主張力、プレゼンテーション力」の3項目で測定して次のステップでその向上を支援しています。

ステップ①　自己のコミュニケーションの強み弱みを理解

コミュニケーション力の測定値により、受信力の3項目と発信力の3項目のどちらが高いか／低いかを客観的に振り返り、自分自身のコミュニケーションの癖を再確認してください。20歳なら20年間で作り上げてきたコミュニケーションの傾向が現れています。高い項目は強みであり低い項目が弱みとなっています（図10—1）。

ステップ②　コミュニケーション力の向上方法

コミュニケーション力は「相手が求めていることに応える」ことで向上します。例えば、相手が「自分の話を聞いて欲し

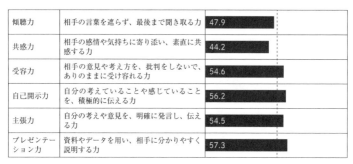

い」と思っている時には意識して傾聴する行動をとり、相手が「貴方のことをもっと知りたい」と思っている場合には意図的に自己開示を行うことでその能力の向上が図れます。測定値の高い項目は普段からその能力が発揮されていますが、低い項目は意識しないと発揮できていない能力です。低い項目を求められている時にこそ意識的にその行動を取るようにして下さい。また、コミュニケーションは常に変化しますからその状態に応じて対応することが重要です。

ステップ③　コミュニケーション力のステップ・アップ

コミュニケーション力アップの具体的な行動指針をステップアップ（step-up）シートで示し、レベル向上上の目標を見える化しています。レベル2の人はレベル3を、レベル3の人はレベル4を目指して毎日取組むことで能力は向上していきます。

＊コミュニケーション力「ステップアップ・シート」

【傾聴力レベル】

レベル0：相手の言葉を聞いていない、理解できていない
レベル1：相手の言葉を聞いているが、聞き流しており、理解が中途半端である
レベル2：相手の言葉を遮らず最後まで聞き、理解している
レベル3：相手の言葉をうなづきやあいづちを打ちながら最後まで真剣に聞き、理解している

レベル４：相手の言葉をうなづきやあいづちを交えながら最後まで真剣に聞き、十分理解し尊重している

【共感力レベル】
レベル０：相手の感情に配慮しない
レベル１：相手の感情を理解しようとしている
レベル２：相手の言葉や言動に関心を持ち、相手の気持ちに配慮している
レベル３：相手の言葉や言動の背後にある相手の気持ちや感情に配慮している
レベル４：相手の言葉や言動の背後にある相手の気持ちや感情に配慮し共感している

【受容力レベル】
レベル０：相手の言葉の内容を理解できていない
レベル１：語られている内容を理解しようとしている
レベル２：語られている内容を理解し、受容れている
レベル３：語られている内容を十分理解し、感情や思いを受容れている
レベル４：言外の感情や思いや背景を深く読み取り、真意を十分理解し受容れている

【自己開示力レベル】
レベル0：自分から話しかけていない
レベル1：聞かれたことしか話さない、相手の顔を見ず一方的に話している
レベル2：単発的な自己の紹介や開示に留まっている
レベル3：相手に自分自身を理解され共感してもらえている
レベル4：人生観や価値観を含めた自己開示ができており、信頼関係を構築している

【主張力レベル】
レベル0：説明をしていない、言葉が解りづらい
レベル1：説明しようとしているが相手の反応を見ていない
レベル2：効果的な手順・手段を用いてわかりやすく主張している
レベル3：相手に合わせて、わかりやすく説明したうえで、自分の意見を効果的に伝えている
レベル4：相手に合わせてわかりやすく説明し、自分の意見を効果的に伝え、理解されている

【プレゼンテーション力レベル】
レベル0：言うべきことを述べていない
レベル1：一方的な話に終始している、相手の反応を見ていない

レベル2：伝え方に工夫をしている、5W1Hで整理されている
レベル3：資料が見やすく整理されており、相手に合わせて伝えている
レベル4：相手に合わせてPRを工夫し、内容が理解され納得を得られている

（参考補足）傾聴力を高める「アクティヴ・リスニング」
主張力を高める「アサーティヴ」

傾聴には積極的傾聴（アクティヴ・リスニング）という手法があり、主張にはアサーティヴという手法があります。どちらもコミュニケーション力の向上に有効な手法ですので紹介します（表10―1、及び、表10―2）[127]。

・アクティヴ・リスニング（Active listening：積極的傾聴）
アクティヴ・リスニングは受動的な傾聴に加えて、適切なフィードバックを織り交ぜて相手の感情や言葉の内容を積極的に把握しようとする聴き方です。そのためには傾聴力、質問力、フィードバック力、頷きなどのボディランゲージ（body language）が必要です。具体的には表10―1のような方法が取られます。

・アサーション（assertion：自己表現）
アサーションとは相手を尊重しながら率直に自己を表現する方法です。そのためには自分の気持ちや考えを相手に伝えるだけではなく、相手のことを配慮し、自分も相手も大切にする態度が

必要です。アサーションとは、自分も相手も大切にした自己表現やコミュニケーションのことで、アサーションができている状態をアサーティヴ（assertive）と言います。アサーティヴと対極的な態度はアグレッシブ（aggressive：攻撃的）とノンアサーティブ（non-assertive：非主張的）です。アグレッシブな態度とは意見が食い違ったときに攻撃的に相手を打ち負かそうとしたり自身の考えだけを主張するやり方で、ノンアサーティブな態度とは自分の意見や感情を閉じ込めて相手に合わせるだけの態度です。アサーティヴの主要な方法を表10―2に挙げます。

表10-1　アクティヴ・リスニングの方法

共感的態度	相手の立場に立ち、相手の視点を持って理解しようとする姿勢
受容的態度	相手の言動や思考に対して否定や評価をせずに、ありのまま受容する態度
繰り返し	発言の大事なポイントを捉えて相手の使った言葉や繰り返し発言内容を確認する
	一般的なオウム返しは言われた言葉をそのまま返すが、アクティブリスニングでは言われた言葉通りに返すのではなく話の中に重要なポイントを繰り返して相手に振り返りの機会を与える
明確化	相手が気づいていない感情や上手く言語化できない感情をより適切な表現に言い換える
質問	「yes, no」で終わるクローズドクエスチョンではなく、「なに？　どうやって？」などの5W1Hのオープンエンドクエスチョンで相手の気持ちと考えを引き出す

出所：著者作成。

表 10-2　アサーティヴの方法

私（I）メッセージ	自分の意見や気持ちを言葉にする際に「私はこう思う」「私はこう感じる」など私を主語にして伝える方法	
肯定的メッセージ	「○○できない」という否定的な表現ではなく「○○であれば○○できる」など肯定的な表現を使用	
DESC 法	Describe（客観的な事実の描写）、Explain（考えの説明）、Suggest（提案）、Choose（行動の選択）の4つの方法	
	D（describe）	主観を交えず、自身の状況や相手の行動を客観的に表現
	E（explain）	事実に加えて自分の意見や感情を説明
	S（suggest）	解決策や代替案を提案
	C（choose）	提案内容に対する相手の反応によって自分の行動を選択

出所：著者作成。

A－2　リーダーシップに必要なコミュニケーション力の向上

リーダーシップを発揮するためにはメンバーとの関わり方を明確に理解しておくことが重要です。コミュニケーションは相手との心の交流ですので、相手の状態に合わせて交流のアプローチが変わります。三隅二不二は因子分析によりリーダーシップに必要な行動に Performance と Maintenance との二因子構造があることを見出してPM理論を展開しました。Pとは Performance function（目標達成機能）で成果を出すために発揮されるリーダーシップのことで、具体的には目標の設定や計画の策定、メンバーへの指示などが挙げられます。Mとは Maintenance function（集団維持機能）で集団や組織をまとめるために発揮されるリーダーシップを指し人間関係を良好な状態に保つことによってチームワークを強化していく機能です。具体的には声かけや気配りなどによる良好な雰囲気づくりや公平なマネジメントなどが挙げられます。メンバーの状況により Performance と Maintenance が使い分けられます[128]。

行動特性研究所ではこのPM理論をベースにしてメンバーへの関わり方として次の4種類を設定しています。

①　ティーチング（teaching）
メンバーが情報や知識が少ない時には「教える」という関わり方

②　コーチング（coaching）
メンバーが目的の設定や実施方法に迷っている時には「判断の支援」という関わり方

③　トレーニング（training）
知識ややり方が解っていても実践できない時

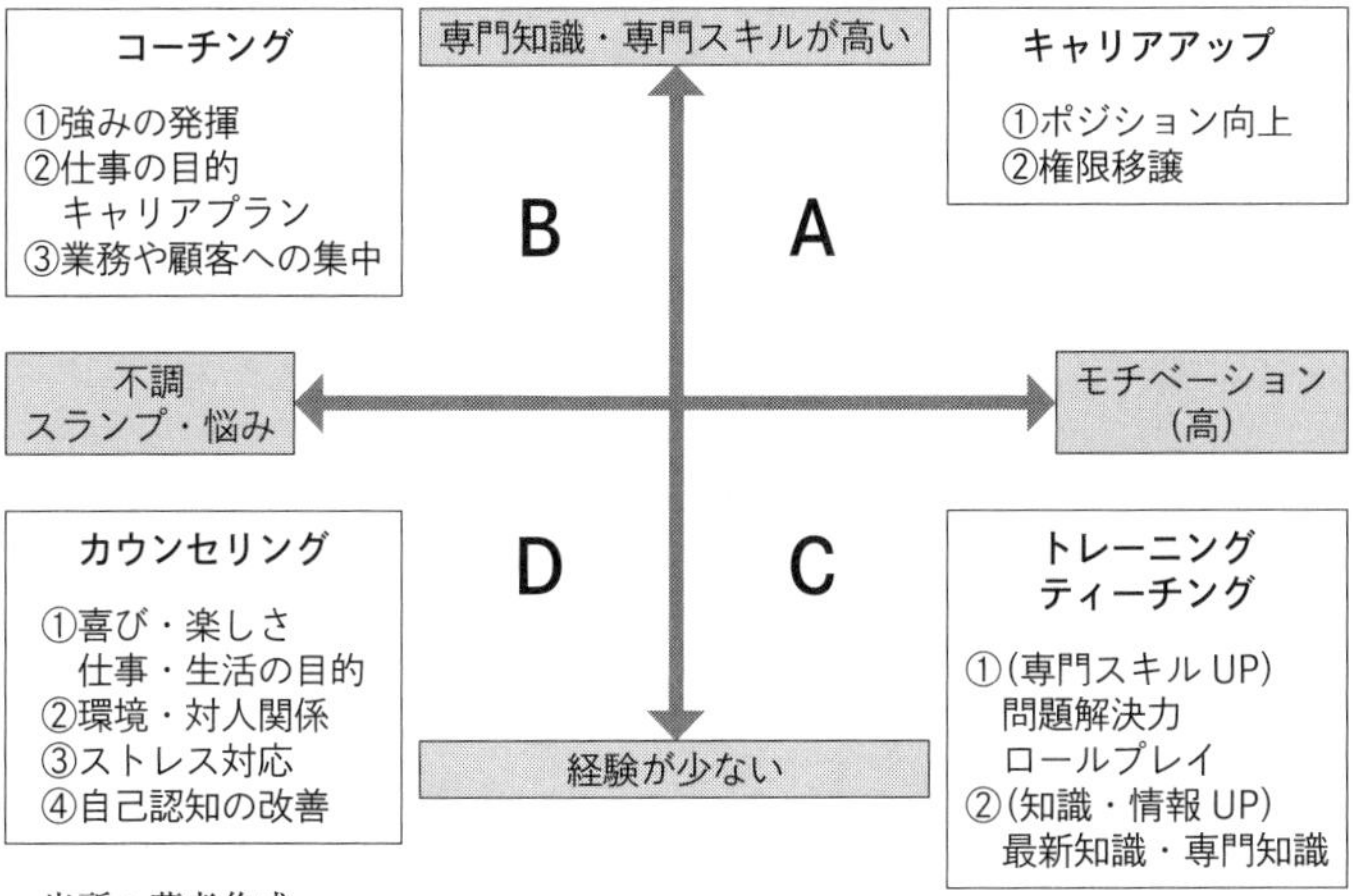

出所：著者作成。

図10-2　リーダーのメンバーへの関わり方

には「身につける」という関わり方

④　カウンセリング（counseling）

不安や悩みを抱えている時には「心を支える」という関わり方

ＰＭ理論の観点からは Teaching と Training は Performance 行動に、Coaching と Counseling は Maintenance 行動に相当します。４種類の関わり方を図で示すと次のようになります（図10―２）。

リーダーに必要なコンピテンシー

リーダーシップの発揮に必要とされる指標としてはミッションやビジョンの策定・浸透・達成、コンプライアンス、変化・変革、品格、自己成長、集団活性、部下育成などが挙げられます。コッター（John P. Kotter）は変革の時代に必要なものはリーダーシップであり、リーダーシップを発揮するためには「組織内外にいる多くの人間とコミュニケーションを交わし関係を維持する対人態度」と「高いエネルギー」が必須であると述べ、変革を実現には８段階のプロセスがあることを示しました（表10―３）[129]。

行動特性研究所では「図10―３」のようにリーダーシップに必要なコンピテンシーとして４つのジャンル（リーダーシップ・マインド、戦略的思考、戦略的行動、メンバー活性化）18項目を測定して、リーダシップの向上研修を支援しています。

表 10-3　コッターのリーダーシップ

段階	テーマ	課題
第 1 ステップ	緊急課題であるという認識の徹底	・市場分析し、競合状態を把握する
		・現在の危機的状況、今後表面化しうる問題、チャンスを認識し、議論する
第 2 ステップ	強力な推進チームの結成	・変革プログラムを率いる力のあるグループを結成する
		・1 つのチームとして活動するように促す
第 3 ステップ	ビジョンの策定	・変革プログラムの方向性を示すビジョン
		・戦略を策定
		・策定したビジョン実現の為の戦略を立案する
第 4 ステップ	ビジョンの伝達	・あらゆる手段を利用し、新しいビジョンや戦略を伝達する
		・推進チームが手本となって、新しい行動様式を伝授する
第 5 ステップ	社員のビジョン実現へのサポート	・変革に立ちはだかる障害物を排除する
		・ビジョンの根本を揺るがすような制度や組織を変更する
		・リスクを恐れず、伝統に囚われないような考え方や行動を奨励する
第 6 ステップ	短期的成果をあげる計画策定・実行	・目に見える業績改善計画を策定する
		・改善を実現する
		・改善に貢献した社員を表彰し、報奨を支給する
第 7 ステップ	改善成果の定着と更なる変革の実現	・勝ち得た信頼を利用し、ビジョンに沿わない制度・組織・政策を改める
		・ビジョンを実現できる社員を採用し、昇進させ、育成する
		・新しいプロジェクト、テーマやメンバーにより、改革プロセスを再活性化する
第 8 ステップ	新しいアプローチを根付かせる	・新しい行動様式と企業主体の成功の因果関係を明確にする
		・新しいリーダーシップの育成と引き継ぎの方法を確立する

出所：ジョン・P・コッター『企業変革力』日経 BP、2002 年。

リーダーシップ能力

リーダーシップに必要な能力を4ジャンル18指標で分析診断しています。それぞれの能力（コンピテンシー）の内容を理解し、次に、能力の発揮度による『強み、弱み』を客観視し、リーダーシップ力の更なる向上にご使用ください。

リーダーシップ・マインド

主体的行動	目標達成や問題解決を、主体的に考え実行する	82.1
ビジョン共有	目標達成をイメージ化し、メンバーや関係者と共有する	60.7
ブランド向上	自己と集団のブランドを高めるために、情熱をもって活動する	62.5
探求心	様々なことに興味を持ち、絶えず多方面から情報を収集する	61.3
コンプライアンス	どんな状況においても約束を守り、法や規範を遵守する	32.6

戦略的思考

課題発見力	全体を俯瞰（ふかん）し重要な問題や課題を発見する	50.3
問題分析力	必要なデータを収集し、論理的に問題を分析する	54.2
優先順位設定力	多くの課題の中から、優先順位を的確に設定する	42.5
客観力	現状に疑問を投げかけ、データに基づき客観的に分析する	38.3

戦略的行動

プロセス管理力	達成状況や進捗データを定期的に確認し、業務を進める	31.7
決断力	様々な状況・情報の中から、最適なものを決定する	77.7
改善力	既定のやり方に拘らず、効率効果を追求し改善する	84.9
評価の受容	上司やメンバーからのフィードバックを素直に受け容れる	44.7

メンバー活性化

関係構築	出会いを大切にし、良好な関係を構築する	40.7
相互作用力	集団の相乗効果を考えて行動する	41.5
評価力	先入観にとらわれず、事実に基づき客観的に評価する	42.6
コーチング	気付きを与え、自発的行動を引き出す	32.2
カウンセリング	興味や関心を持って傾聴し、本音や悩みを引き出す	30.5

出所：図7-2に同じ。

図10-3　リーダー能力の診断シート例

コンピテンシー向上において重要なことは、一律的でマニュアル的なアプローチではなく自己の行動特性を活かしたアプローチをすることです。山の頂上を目指す時に、持続力が高い人は傾斜の緩い道を時間をかけて登るのが適しているでしょうし、瞬発力が高い人は急峻な道を短時間で登るのが適しているでしょう。人はかけがえのない唯一的存在ですから自分に合ったアプローチで目標を達成することで喜びをおぼえ、自己肯定感が高まり自己実現の取り組みが促進されます。

B　対人関係力の研究（カウンセリング）

コミュニケーションには情報伝達のコミュニケーションと共感共有のコミュニケーションと大きく2つの方向があります。前者は目的を重視した関わり方で後者は存在としての関係を重視した関わり方です。子供の学習相談で「うちの子はいくら勉強しなさいと言ってもしないので困っている、どうしたらいいでしょうか」という質問に対して、ある小児科のドクターは『勉強の内容で困っているなら教えてあげて下さい。勉強自体をしないのなら普段よりも長く一緒に食事をするとか遊ぶとかで愛情をたっぷりとあげて下さい。人間の脳には身体の安全を欲求する脳幹と愛情や集団への所属を欲求する旧皮質と勉強や思考を行う新皮質の三層があり、生命の安全や愛情に危機を感じているときには新皮質の活動を抑えてしまうためです』と回答していました。情報提供の関わり方と存在への関わり方の見本のような回答です。

相手の存在に向き合い心を支えるコミュニケーションの取り方はカウンセリングのアプローチです。カウンセリングとは傾聴や受容や共感により相手の感情に寄り沿い、不安や混乱を整理して自己肯定感を高める目的で行います。感情への寄り添い方には次の2点が欠かせません。

①　無条件の肯定的関心による関わり
「〇〇してくれるから聞く、〇〇をしたから認める」という条件付きの関心ではなく、相手の感情や態度や価値観などをありのまま受け取る

②　共感的・受容的な関わり
目的的な関わりではなく、相手の情動や感情を共に感じ、批判や評価をせずにそのまま受け容れる

カウンセリング的関わり方で重要な理論を2点紹介します。

1つ目はアメリカの心理学者カール・ロジャーズ（Carl R. Rogers）によって提唱されたクライエント中心の関わり方です。相手を患者（弱者：patient）としてではなく来談者（client）として関わる方法で「クライエントは自らの成長や解決策を持っており、専門家の指導を受けることでそれを引き出すことができる」という信念に基づいた関わり方で、次の4つを要点としています。[130]

①　client は自己概念（自己像：self structure）と自己の経験（現実）に不一致（incoherence）がある

②　counselor は治療の場面においては一致（congruence）と統合（integrated）をしている

③　counselor は否定や批判しない無条件の肯定的関心（unconditioned positive regard）の状態にいる

④　counselor は共感的理解（empathetic understanding）をしている

2つ目はフェリックス・バイステック（Felix P. Biestek）の提唱した相談の七原則です。これは対人支援においてより良い関係を築くための行動規範としてまとめられたものです[131]。

①　個別化

個別化とは相手が抱える悩みや課題を一般化せずに個別の問題として関わるべきという考え方で、一人ひとりの人格や尊厳を尊重し「同じ人は存在しない、同じ問題は存在しない」と意識して対応する方法です。

②　意図的な感情表現

意図的な感情表現とは相手の自由な感情表現を認める考え方で、特に不安や怒りや悲しみといったネガティブな感情を表に出してもらうことで鬱積した感情の解消につなげていきます。そのためには自由に感情表現してもらう環境や人間関係づくりが大切です。

③　制御された情緒関与

制御された情緒的関与とは相手の感情に飲み込まれることなく感情をコントロールして関わる態度です。相手に自由に感情表現してもらい、それに共感しながらも感情的にならず、語られている内容を冷静に判断して問題の解決を導く方法です。

④　無条件の受容

無条件の受容とは相手の考えや感情をありのままを受け容れることです。ありのままを受けとめることにより、拒絶や否定という不安や恐れから解放する方法です。

⑤　非審判的態度

非審判的態度とは相手の行動や考えについて評価や判断をしないで関わる態度です。客観的に状況把握をして問題解決の援助をする方法です。

⑥　自己決定

自己決定とはどのような選択をするかは相手に決定権があるということです。相手の自己決定を尊重し、情報の提供などにより自己決定できる状況（環境）を整えることも必要です。

⑦　秘密保持

秘密保持とは相手の個人情報などを外部に漏らしてはいけないというコンプライアンス厳守のことです。これがなければ信頼関係を構築できません。

①〜⑥を簡潔に要約すると次のような関わり方となります。

- 個別化とは一般化した誰かと同じではなく相手を唯一の個人だとして関わること
- 意図的な感情表現とは相手の自由な感情表現を尊重すること
- 統制された情緒的関与とは相手の感情や思いに共感すること
- 受容とは相手の価値をそのまま認めて受け容れること
- 非審判的態度とは相手に評価や判断を押し付けないこと
- 自己決定とは本人の選択や決定を促し尊重すること

（補足）第Ⅲ部で紹介しました留学における『ＪＡＯＳ留学アセスメントテスト』や研修における『行動特性診断テスト』の実施にご興味がある方は「注95」に掲載しました行動特性研究所のＨＰにお問い合わせください。

終章　思考の行動化　生の充実

「樹齢千年の木は切ってから千年もち、50年の木は50年しかもたない。世界最古の木造建築である法隆寺には樹齢二千年以上の木が使われているのでまだ半分の年月である。法隆寺を造った大工は1300年持たせようとして作ったわけではない。1300年持たせようと思わせる寺院を造ったのだ。世界最大の木造建築である東大寺は明治40年（1907年）に大補修をしている。屋根にはトラスを入れその鉄骨にはその当時もっとも精錬されていたイギリス製の鉄を使われ、適切に補修された優れた建築物としてその姿を今に留めている[132]」。研究もその研究を深めていきたいと思う研究者が続くことで優れた研究となっていきます。心理学にも脳科学にもたくさんの優れた研究があります。本書はそれらの優れた研究を行動特性を主題とした整理を試みました。心理学は行動心理学、認知・認識論心理学、社会心理学などの複線的な源流があり、それぞれに目的論と存在論、意識と無意識、身体と精神などの諸理論が重なり合いながら発展し、現在は脳科学との融合研究が注目されています。

心は存在論とか目的論という個別の研究ではなく総合されてその形が現れてきます。森で彷徨い迷った時に、目の前の木を切り倒して進んでも道に行きあたるとは限らないように、いくら努力しても方向が違っていれば脱出できません。一本一本の木を切り倒す前に高い木に登り方向を定めてから切り進んでいかなければ脱け出すことができません。木を切り倒そうとするエネルギー（身体）と木の上に立って方向を見渡す視野（意識）という2つのことが同時に必要です。心という混沌とした森は「意識という現状認識、意思という未来認識、意識や意思を形成している情動などの生理機能」の相互交流を分析することにより見えてきます。そしてその相互交流は行動として現れ、それを研究することが行動特性のテーマです。この研究により達成したいことは次の2点です。

(1)「思考の行動化」

思考の行動化とは「知っている、わかっている」という思考を「できる、できている」という行動へと促すことです。思考は実践されて他者や社会と関係を結ぶことができ、社会的存在としての充実が可能になります。「わかっている」状態と「できている」状態には大きな壁があります。わかっているという状態は自分だけの世界ですが、できている状態は社会とのつながりが形成された世界です。社会とのつながりがない行動は他者からの理解も評価もえられません。

『何かができる』ためには「知る、わかる、行う、できる」というステップを辿ります。「わかる」ためには「知らない」から「知る」という知識の壁を超える必要があります。知るためには本を読んだり話しを聞いたり教えてもらうという情報のインプットが必要です。また、用意され与えられた受動的な情報だけではなく、自ら知ろうとする積極的な態度が知る量と内容に大きな影響を与えます。

次に、知ったことの意味がわからなければなりません。わかるには「解る」と「分かる」の2つのことが含まれます。解るというのは原因や理由を理解し説明できる状態を指します。分かるというのはこれとあれの区別ができて分類・分解・分析ができ、またそれらを構成しなおすことができる状態を指します。愚かなことや社会の常識に欠けていることを昔は馬鹿《ばか》と言いましたが、それは鹿《しか》か馬《うま》かを分けることができない様子を指した史記にでてくる故事を語源としていると言われています。

「わかる」ためには知ったことをやってみて試すことが必要です。「知る」から「やってみる」という行動の壁と「やってみる」から「わかる」という実感の壁（気づきの壁）を超えなければなりません。やってみて初めて獲得した知識が重要なものなのか意味のないものだったのかが分かり、やってみてそれを活用するのが簡単なのか大変なことなのかが解ります。次に続くステップは「わかる」から「できる」ためのステップです。わかっていてもできないことはたくさんあります。「できる」ためには繰り返しトレーニングすることが欠かせません。つまり繰り返しの壁を超えることです。

できるようになってもそれで終わりではありません。最後にできる状態から「している」状態になるための習慣の壁を超えなければなりません。いくらできる能力があってもやらなければ社会の中で価値はありません。単発に一回だけできることではなく継続していつもできていることが社会における評価の対象です。これらの「わかる、できる、し続ける」ことを支援するのが行動特性の活用の意味となります。

和辻哲郎は名著『人間の学としての倫理学』で「人間とは人と人との間であり、人間とは『世の中』であるとともにその世の中における『人』である」と述べています[133]。個体の行動は常に社会（環境や状況）に規定されており、また、生は遺伝子で規定された身体の制約を受けています。遺伝子は世代を通して人間集団の情報が引き継がれて誕生していますから個体は発生的にも社会的な存在です。個体の心が変動する社会という環境のなかで構成されているならば、有効な心理学とは「個体の一回性、瞬時性、不可逆性」と「個体としての状況やトポスへの対応」という両面で構成された研究だと思われます。

心は行動として顕れますが、しかし、行動は派手なものばかりではありません。静かなものにこそ情動が語りだします。木下順二はある劇の脚本で日本人の情動と行動を描き出しています（出典不詳）。

日本人のラブシーン

男　・・・・・（じっと相手を見る）

女　・・・・・（じっと相手を見る）

男　・・・・・（なにか言おうとする）

女　・・・・・（なにか言おうとする）

男　・・・・・（感情が込み上げてくる）

女　・・・・・（感情が込み上げてくる）

男　・・・・・(思い切って口を開こうとする)
女　・・・・・(思い切って口を開こうとする)

(2)「生の充実」

行動とは多様な可能性の中から意識的にも無意識的にも瞬時に選び取られた心の現象で、個体の内部環境と外部環境との共生態として顕現したものです。出現した一連の行動が習慣化されて、それがまた更に新たな行動を生みだします。行動の傾向である行動特性とその変化を知ることにより自己の情動、感情、認知形式とその変化が理解でき自己の成長の軌跡を振り返ることができます。習慣化の過程の分析により人の全体像が見え総体としての心が見えてきます。湖の氷は毎日毎日増えていき、半面が凍り付くと翌日は全面が凍ります。新聞紙も25回折り重ねると富士山の高さになります。行動が脳に一定の情報量が貯まるとふとした一瞬に習慣となり、それが次の行動を規定します。自己にどんな習慣化を指向するかが自己を創造する過程です。

生の充実とは変化する行動を深く見つめて、意識的な選択により自己を創造することです。単に環境との適応である『うまく生きる』という人生から自己を創造する『よく生きる』への研究が行動特性の研究の意義です。ヴィクトール・フランクル（Viktor Emil Frankl）は「どんな時にも人生には意味がある。未来で待っている人や何かがあり、そのために今すべきことが必ずある」と述べ、フロイトの精神分析の快楽原則（快楽への意志）やアドラー心理学で強調された力への意志（権力への意志）と対照させて「人生の意味への意志」の重要性を指摘しています[134]。

心理療法家の河合隼雄は「個人の欲求を充足することに高い評価を与える『個の倫理』において、その根本にある『こころ』の問題が捨ておかれて、獲得した『もの』に焦点が与えられて人生の混乱が生じる」と語っています[135]。こころを総合的に取り扱うためには規模の拡大から質の充実へ、機械化・無機質化から実存化・有機質化へという観点の転換が必要だと思われます。

『良く生きる』ためにゲーテ（Johann Wolfgang von Goethe）は「毎日を生きよ。あなたの人生が始まった時のように[136]」と語り、世阿弥は『花鏡』で『是非、初心忘るべからず、時々、初心忘るべからず、老後、初心忘るべからず』と綴っています。「是非、初心忘るべからず」とは「若い時に失敗や苦労した結果身につけた芸は常に忘れてはならない。生涯、初心を忘れてはならない」ことを意味し、「時々の初心」とは「若い頃から最盛期を経て老年に至るまで、その時々にあった演じ方をすることが大切であり、その時々が初心である」ことを意味しています。「老後の初心忘るべからず」とは「老齢になっても初めて遭遇して対応しなければならない試練がある。歳をとったからといって「もういい」ということはなく、其の都度、初めて習うことを乗り越えなければならない」という教えです。また、『風姿花伝』の『まことの花』では「此の花はまことの花にあらず。ただ、時分の花なり。まことの花は咲く道理も散る道理も語っている。心のままなるべし。されば久しかるべし。花は心、種は能なるべし」と語っています[137]。

歌舞伎において能という表現内容が必要であるように、何かを見るためには見える対象物が必要で、思考には思考内容が、生活には生活内容が必要です。そして、人生は意識に何を指向させるかがその人の人生となります。トルストイ（Lev Nikolayevich Tolstoy）はベートーヴェン（Ludwig van Beethoven）のヴァイオリンソナタ第9番に感銘し、意識を指向して『クロイツェル・ソナタ』という同名の物語を創作しました[138]。

ロバート・サポルスキー（Robert M. Sapolsky）は行動に関して、その行動が起こる「1秒前、数秒から数分前、数時間から数日前、数日から数か月前、青年期、胎児期、受精卵期、数百年から数千年前」という時間軸で脳内ホルモンや遺伝子や進化という総合的な観点で人の総体を研究しています（前述注62）。

本書は脳内ホルモンや遺伝子という生理学や脳神経学の知見を踏まえ、現象学や認知行動心理学を先行文献として行動の特性を研究したものです。現象学をベースにするということは「行動はこの世の中で1回限りの不可逆的な現象である」という現象学的還元のアプローチで考えるということです。一連の行動を現象学的分析により行動の傾向を顕かにし、そうすることで行動の起因である情動や感情や認識を分析して心の探求を試みました。心の理解を深めて自己の人生の意味を問い、自己の価値を創造するヒントに繋がることが行動特性の研究の価値となります。「行動は心の表現」というテーマでの研究がこれからも促進されることを期待します。

謝辞

本書の出版にあたり早稲田大学名誉教授の白木先生と文眞堂の皆様に多大な感謝をいたします。様々な先行研究、文献、物語に導かれて一冊の書物として纏めることができました。

行動特性を一緒に研究させて戴いている大学や企業の関係者の皆さま、暖かい助言をして戴いた先輩諸氏、及び、支えてくれた友人と家族と親族に感謝いたします。

注（出典）

（1）小林秀雄『様々な意匠（小林秀雄全集　第1巻）』新潮社、１９７８年
（2）ラッセル（Bertrand Arthur William Russell）著／市井三郎訳『西洋哲学史』みすず書房、１９７５年
（3）大久保ゆう訳「ニューヨーク・サン新聞（１８９７年９月21日社説欄）」（The New York Sun/written by Francis Pharcellus Church）
（4）竹内まりや『いのちの歌』ワーナーミュージック・ジャパン品番 WPCL-11024　２０１２年
（5）坂上貴之・井上雅彦『行動分析学』有斐閣、２０１８年
（6）日本精神神経学会監修『ＤＳＭ―５　精神疾患の診断・統計マニュアル』医学書院、２０１４年
（7）『心理学用語の学習：パーソナリティとは』２０２３年（https://psychologist.x0.com/terms/153.html）
（8）「ガレノス Galenus」https://ja.wikipedia.org/wiki/四体液説
（9）クレッチマー（E. Kretchmer）著／内村祐之翻訳『天才の心理学』岩波文庫、１９８２年
（10）「心理学用語集：パーソナリティの類型論：シェルドン Sheldon, W. H.」２０２３年（https://psychologist.x0.com/terms/153.html）
（11）シュプランガー（E. Spranger）著／伊勢田耀子訳『世界教育学選集（19）文化と性格の諸類型』明治図書出版、１９６１年
（12）ユング（C. G. Jung）著／林道義訳『タイプ論　PSYCHOLOGISCHE TYPEN』みすず書房、１９８７年
（13）オルポート（Gordon Willard Allport）著／豊沢登訳『人間の形成―人格心理学のための基礎的考察』理想社、１９５９年
（14）“Cattell's 16 Personality Factor Model（Conn & Rieke, 1994）” Wikipedia（https://en.wikipedia.org/wiki/16PF_

Questionnaire）

（15）アイゼンク（H. J. Eysenck）著／梅津耕作訳『人格の構造―その生物学的基礎』岩崎学術双書、１９７３年
「モーズレイ人格目録ＭＰＩ（Mausely Personality Inventory）」ＭＰＩ研究会編『新・性格検査法』誠信書房、１９６９年

（16）大島信彦ら「Cloninger の気質と性格の７次元モデル及び日本語版 Temperament and Character Inventory（ＴＣＩ）」『季刊　精神科診断学』第７巻第３号、日本評論社、１９９６年（https://www.institute-of-mental-health.jp/thesis/pdf/thesis-06/thesis-06-04.pdf）

（17）Goldberg, L. R., "Language and Individual Differences: The Search for Universals in Personality Lexicons," *Review of Personality and Social Psychology*, 1981, pp. 141-165

（18）村上宣寛・村上千恵子『主要５因子性格検査ハンドブック　三訂版：性格測定の基礎から主要５因子の世界へ』筑摩書房、２０１７年
村上宣寛ら「主要５因子性格検査の尺度構成」『性格心理学研究』第６巻第１号、１９９７年、29―39頁

（19）『デジタル大辞泉』小学館、２０２３年10月

（20）『日本大百科全書』小学館、２０１７年

（21）『ブリタニカ国際大百科事典　小項目事典』ブリタニカ・ジャパン、２０１０年

（22）オルポート（Gordon Willard Allport）著／豊沢登訳『人間の形成―人格心理学のための基礎的考察』理想社、１９５９年
（注22は注13と同じ）

（23）渡邊芳之・佐藤達哉「パーソナリティの一貫性をめぐる〝視点〟と〝時間〟の問題」『心理学評論』36、心理学評論刊行会、１９９３年

（24）ミッシェル（Walter Mischel）著／詫摩武俊訳『パーソナリティの理論状況主義的アプローチ』誠信書房、１９９２年
若林明雄「パーソナリティ研究における〝人間状況論争〟の動向」日本心理学会編集委員会編『心理学研究』64、日本心理学会、１９９３年

（25）『最新心理学事典』平凡社、２０１３年

（26）『実用日本語表現辞』２０２３年（https://www.weblio.jp/cat/dictionary/jtnhj#google_vignette）

（27）ワイズマン（Richard Wiseman）著／矢羽野薫訳『運のいい人の法則』角川文庫、２０１１年

(28)　コッホ（Christof Koch）著／土谷尚嗣・金井良太訳『意識の探求』岩波書店、２００６年
(29)　カーネマン（Daniel Kahneman）著／村井章子訳『ファースト&スロー』早川書店、２０１２年
(30)　イーグルマン（David Eagleman）著／大田直子訳『あなたの脳のはなし』早川書房、２０１９年
(31)　レスタック（Restak Richard）著／高橋則明訳『はだかの脳』株式会社アスペクト、２００７年
(32)　ラマチャンドラン（Vilayanur Subramanian Ramachandran）著／山下篤子訳『脳の中の幽霊』角川書店、２０１１年
(33)　エリクソン（E. H. Erikson）著／西平直・中島由恵訳『自我同一性―アイデンティティとライフ・サイクル』誠信書房、１９７３年
(34)　ＴＲＨとは甲状腺刺激ホルモン放出ホルモン（thyrotropin-releasing hormone）の略称。ＴＲＨが下垂体にはたらきかけて甲状腺刺激ホルモン（ＴＳＨ）を放出させる。
(35)　ヴェーレンバーク（Margaret Wehrenberg）プリンツ（Steven M. Prinz）著／福井至・貝谷久宣監訳『不安な脳』日本評論社、２０１２年
(36)　『脳科学辞典』（https://bsd.neuroinf.jp）オンライン百科事典、２０２４年
(37)　岸田一隆『科学コミュニケーション』平凡社、２０１１年
(38)　金井良太『脳に刻まれたモラルの起源』岩波科学ライブラリー、２０１３年
(39)　ハイト（Jonathan Haidt）著／高橋洋訳『社会はなぜ左と右にわかれるのか―対立を超えるための道徳心理学』紀伊國屋書店、２０１４年
(40)　レッシュ（Klaus-Peter Lesch）「Association of Anxiety-Related Traits with a Polymorphism in the Serotonin Transporter Gene Regulatory Region（日本語訳：不安関連形質とセロトニントランスポーター遺伝子調節領域における多型との関連）」『サイエンス』２０１２年2月
(41)　ハリリ（Ahmad R. Hariri）ら「Serotonin transporter genetic variation and the response of the human amygdala（日本語訳：セロトニントランスポーターの遺伝的変異とヒト扁桃体の応答）」『サイエンス』２００２年7月
(42)　Glenn, Andrea L., "The other allele: exploring the long allele of the serotonin transporter gene as a potential risk factor for psychopathy: a review of the parallels in findings（日本語訳：他の対立遺伝子―精神病の潜在的な危険因子としてのセロトニントランスポーター遺伝子の長い対立遺伝子の探索）" *Neurosci Biobehav Rev.*, Jan., 2011

(43) アッカーマン（Jennifer Ackerman）著／鍛原多恵子訳『からだの一日』早川書房、2009年
(44) 藤田徳人『思い通りに性格を変える「脳」科学』講談社ニューハードカバー、2003年
(45) ヴェデキンド（Claus Wedekind）「汗をかいたTシャツ研究」Wikipedia, 2023（https://en.wikipedia.org/wiki/Claus_Wedekind）
但し、避妊用ピルの服用時やホルモンを操作により妊娠状態の時にはMHCが近い相手の汗を選ぶことが知られています。
(46) 井原康夫『脳はどこまでわかったか』朝日新聞社、2005年
(47) エヴァンズ（Dylan Evans）著／遠藤利彦訳『感情』岩波書店、2005年
(48) ザルトマン（Gerald Zaltman）著／藤川佳則・阿久津聡訳『心脳マーケティング』ダイヤモンド社、2005年
(49) 石浦章一『遺伝子の謎と秘められた暗号』ぱる出版、2007年
(50) 山本輝太郎ら『科学がつきとめた疑似科学』株式会社エクスナレッジ、2024年
(51) プルチック（R. Plutchik）「The Nature of Emotions」2008年5月8日（https://ja.wikipedia.org/wiki/感情の一覧）
(52) フッサール（Edmund Husserl）著／立松弘孝・松井良和訳『論理学研究2』みすず書房、1968年
(53) フッサール（Edmund Husserl）著／立松弘孝訳『現象学の理念』みすず書房、1965年
(54) フッサール（Edmund Husserl）著／立松弘孝訳『講義：第一哲学』（『フッサール・セレクション』より）平凡社ライブラリー、2009年
(55) フッサール（Edmund Husserl）著／浜渦辰二訳『デカルト的省察』岩波文庫、2001年
(56) フッサール（Edmund Husserl）著／渡辺二郎訳『イデーン　Ⅰ・Ⅱ』みすず書房、1984年
(57) フッサール（Edmund Husserl）著／長谷川宏訳『経験と判断』河出書房新社、1987年
(58) フッサール（Edmund Husserl）著／渡辺二郎・千田義光訳『イデーン　Ⅲ』みすず書房、2010年
(59) フッサール（Edmund Husserl）著／細谷恒夫・木田元訳『ヨーロッパ諸学の危機と超越論的現象学』中公文庫、1995年
(60) デュヒッグ（Charles Duhigg）著／渡会圭子訳『習慣の力　The Power of Habit』講談社、2013年
(61) 篠原菊紀『勉強にハマる脳の作り方』フォレスト出版、2009年
(62) サポルスキー（Robert M. Sapolsky）著／大田直子訳『善と悪の生物学』NHK出版、2023年

(63) 『馴化じゅんか』とは「生物が異なった環境、特に気候の異なった土地に移された場合、しだいにその環境に適応するような体質に変わること」（デジタル大辞泉、https://www.weblio.jp/content/馴化）２０２４年

(64) 池谷雄二『進化しすぎた脳』朝日出版社、２００４年

(65) モルツ（Maxwell Maltz）著／小圷弘訳『自分を動かす』知道出版、２０１６年

(66) 福岡伸一「プロフェッショナル」『日本経済新聞』２００８年８月21日夕刊

(67) 『Language Learning Difficulty for English Speakers』U.S. Department of State（アメリカ国務省）の Foreign Service Institute（外交官養成局／ＦＳＩ）

(68) Lally, Phillippa et al., "How are habits formed: Modelling habit formation in the real world," *European Journal of Social Psychology*, 2009 (https://doi.org/10.1002/ejsp.674)

(69) 岩崎一郎『何をやっても続かないのは、脳がダメな自分を記憶しているからだ』クロスメディア・パブリッシング、２０１３年

(70) 田中和秀『ビジネス脳を鍛える８つの行動習慣』三和書房、２０１０年

(71) 池谷裕二『脳には妙なクセがある』新潮文庫、２０１８年
マドリット自治州大学の心理学者ブリニョール博士らの実験データ

(72) 池谷裕二『脳には妙なクセがある』新潮文庫、２０１８年
米ノースイースタン大学のバラバシ博士（Albert-László Barabási）

(73) Bandur, Albert, *Self-efficacy: The Exercise of Control*, New York: W.H. Freeman, 1997

(74) 出馬圭世ら「Neural correlates of cognitive dissonance and choice-induced preference change（認知的不協和と選択による好みの変化の神経基盤）」*PNAS*, 107 (51) 22014-22019, 2010
米国科学アカデミー紀要（Proceedings of the National Academy of Sciences of the United States of America）オンライン版、２０１０年12月６日

(75) 「認知的不協和」Wikipedia（https://ja.wikipedia.org/wiki/認知的不協和）

(76) ペンフィールド（Wilder Graves Penfield）『脳科学辞典』

(77) エーデルマン（Gerald M. Edelman）著／金子隆芳訳『脳から心へ』新曜社、１９９５年

(78) ダマシオ著／田中三彦訳『デカルトの誤り　情動、理性、人間の脳』ちくま学芸文庫、２０１０年
(79) 「ヴェーバー－フェヒナーの法則」Wikipedia (https://ja.wikipedia.org/wiki/) 2023
(80) 中村元ほか編『岩波　仏教辞典（第二版）』岩波書店、２００２年
(81) 三木清『三木清全集（第８巻）　構想力の論理』岩波書店、１９８５年
(82) 小林秀雄『小林秀雄全作品〈１〉　様々なる意匠』新潮社、２００２年
(83) Heidegger, Martin, *Being and Time*, Harper San Francisco, 1962
メルロ＝ポンティ（Maurice Merleau-Ponty）著／竹内芳郎・小木貞孝訳『知覚の現象学』みすず書房、１９６７年
(84) Haynes, J. D. et al., "Unconscious determinants of free decisions in the human brain," *Nature Neuroscience*, April 13, 2008
(85) リベット（Benjamin Libet）著／下條信輔訳『マインド・タイム―脳と意識の時間』岩波書店、２００５年
(86) 鈴木貴之「自由意志と神経科学」『科学基礎論研究』Vol. 40, No. 1, ２０１２年、27―42頁
鈴木貴之「脳科学と自由意志」『科学哲学』42―2、２００９年
(87) エリクソン（E. H. Erikson）『自我同一性―アイデンティティとライフ・サイクル』誠信書房、１９７３年
自己の斉一性とは自己をまとまりのある不変な同一の存在としての自己認識。
自己の連続性とは過去も今も自分は自分であるという時間の連続性への自己認識。
自己の帰属性とは自分の行動は自分が行ったという自己認識。
(88) 守一雄『現代心理学入門〈１〉　認知心理学』岩波書店、１９９５年
(89) ベルクソン（Henri-Louis Bergson）著／杉山直樹訳『物質と記憶』講談社、２０１９年
(90) フッサール（Edmund Husserl）著／佐竹哲雄訳『厳密な学としての哲学』岩波書店、１９６９年
(91) サルトル（Jean Paul Sartre）著／伊吹武彦・海老坂武・石崎晴己訳『実存主義とは何か』人文書院、１９９６年
(92) カント（Immanuel Kant）著／篠田英雄訳『純粋理性批判』岩波書店、１９９４年
(93) ヘーゲル（Georg Wilhelm Friedrich Hegel）著／武市健人訳『哲学史序論』岩波文庫、１９６７年
(94) セリア（Hans Selye）著／細谷東一郎訳『生命とストレス』工作舎、１９９７年
(95) 『行動特性診断テスト』一般社団法人行動特性研究所（https://iobt.jp/）

(96) ビネー（A. Binet）、Wikipedia（https://ja.wikipedia.org/wiki/アルフレッド・ビネー）
(97) コッホ（Karl Koch）著／岸本寛史・中島ナオミ・宮崎忠男訳『バウムテスト［第3版］ 心理的見立ての補助手段としてのバウム画研究』誠信書房、２０１０年
(98) ＴＰＩ（Todai Personality Inventory：東大版総合人格目録）２００１年版を使用。
ＳＰＩ（Synthetic Personality Invent）２００１年版を使用。
(99) 『職種適性診断』一般社団法人行動特性研究所（https://iobt.jp/）
(100) 『広辞苑　第6版』岩波書店、２００８年
一定の職務や作業において、絶えず安定的に期待される業績をあげている人材に共通して観察される行動特性。
(101) 「コンピテンシー　competency」『デジタル大辞泉』小学館、２０２３年10月
井村直恵「日本におけるコンピテンシー：モデリングと運用」『京都産業大学マネジメント研究会』２００５年
(102) McClelland, David Clarence, "Testing for Competence Rather Than for Intelligence," *American Psychologist*, January, 1973
(103) Boyatzis, R. E., *The Competent Manager: A Model for Effective Performance*, Willy, 1982
(104) Spencer, L. M. and Spencer, S. M., *Competence at Work: Models for Superior Performance*, Willy, 1993
スペンサーの『氷山モデル』
(105) 佐藤純『コンピテンシー評価モデル集』生産性労働情報センター、２００３年
(106) "GLOBAL COMPETENCY MODEL," World Health Organization, 2017
世界保健機関ＷＨＯで作成されたグローバルコンピテンシー。
(107) スペンサー（Spencer, L. M., and Spencer, S. M.）著／梅津祐良訳『コンピテンシー・マネジメントの展開』生産性出版、２０１１年
加藤恭子「日米におけるコンピテンシー概念の生成と混乱」『日本大学経済学部産業経営研究所所報』(68)、２０１１年
(108) ＪＡＯＳ留学アセスメントテスト
一般社団法人海外留学協議会（ＪＡＯＳ）と行動特性研究所とが共同で開発したグローバル能力診断テスト。

ＪＡＯＳは30年以上の歴史を持つ留学事業者の協会で、年間８万人程度の留学生を海外の教育機関に送り出し、留学の充実

や帰国後の就職などの調査データや知見を保有している。詳細はＨＰ（https://www.jaos.or.jp）

ＪＡＯＳ留学アセスメントテストは下記の目的の達成のために開発されました。

1．留学希望する学生や保護者、留学を支援する大学・高校や教職員、企業人事部等のステークホルダーに対して留学成果の可視化

2．留学生の自分の留学成果を客観視

3．留学の目的を達成するための具体的な行動変容アクションの設定による留学成果の向上

4．学生等の留学希望者の行動特性の理解による的確な留学指導

5．留学成果データの分析&研究による留学プログラムや留学オリエンテーションの開発

(109)「平成28年度海外体験を生かしたキャリア形成事例分析」一般社団法人海外留学協議会（ＪＡＯＳ）、２０１７年

徳永保「大学におけるグローバル人材育成に関する調査研究報告書」平成23年度国立教育政策研究所プロジェクト研究、国立研究政策研究所、２０１１年

「人事管理情報　人物試験におけるコンピテンシーと「構造化」の導入」『人事管理』３５５、人事院、39―42頁、２００５年

Jokinen, Tiina, "Global leadership competencies: a review and discussion," *Tiina Jokinen Jouran of European Industrial Training*, Vol. 292005

「グローバル人材育成戦略」『グローバル人材育成推進会議』内閣府、２０１２年

(110)「２０１８年度新卒採用に関するアンケート調査結果」日本経済団体連合会、２０１８年（https://www.keidanren.or.jp/policy/2018/110.pdf）

(111) 株式会社アイクリックは『VANTAGE』という行動特性をベースにした心理テストにより職業適性診断を実施して人材育成を支援しています。（https://service.i-click.co.jp/vantage）

行動特性研究所では『ＪＡＯＳ留学アセスメントテスト』と『VANTEGE』の2つを公認しています。

(112) Kirkpatrick, Donald L. and Kirkpatrick, James D., *Evaluating Training Programs: The Four Levels* (3rd Edition), Berrett-Koehler Publishers, 2006

(113) 新見有紀子・阿部仁・星洋「派遣留学経験とグローバル人材育成―ＪＡＯＳ留学アセスメントテストを用いた考察」『一橋

大学国際教育センター紀要』２０１９年所収
(114) 阿部仁・新見有紀子・星洋「グローバル環境で育む４つの力―留学前後における派遣学生のコンピテンシー変化について」『一橋大学国際教育センター紀要』２０１８年所収
(115) 阿部仁・渡部由紀・星洋「学生のグローバル力を伸ばす、留学アセスメントテストの活用事例」Summer Institute on International Education, Japan (SIIEJ) ワークショップD、２０２３年
(116) コリンズ（Jim Collins）ハンセン（Morten T. Hansen）著／牧野洋訳『ビジョナリーカンパニー４』日経ＢＰ社、２０１２年
(117) ハーロック（Elizabeth B. Hurlock）著／松原達哉・牛島めぐみ訳『子どもの発達と育児』誠信書房、１９６８年
(118) 出馬圭世「神経科学と心理学の橋渡しを目指して」The social neuroscience of reputation. Neurosci. Res. 72., 2012
(119) Deci, Edward L. "Effects of externally mediated rewards on intrinsic motivation," *Journal of Personality and Social Psychology*, 1971
Deci, Edward L. and Ryan, Richard M., *Intrinsic Motivation and Self-determination in Human Behavior*, New York: Plenum, 1985
(120) リース（Steven Reiss）著／宮田攝子訳「本当に欲しいものを知りなさい：究極の自分探しができる16の欲求プロフィール」ＫＡＤＯＫＡＷＡ、２００６年
(121) Bandura, Albert, "Self-efficacy," *Psychological Review*, March, 1977
バンデューラ（Albert Bandura）著／本明寛訳『激動社会の中の自己効力』金子書房、１９９７年
(122) 「自己効力感」Wikipedia　２０２３年
(123) マズロー（Abraham Harold Maslow）『人間性の心理学―モチベーションとパーソナリティ』産業能率大学出版部、１９８７年
(124) エリクソン（Erik Homburger Erikson）著／村瀬孝雄訳『ライフサイクル、その完結【増補版】』みすず書房、２００１年
(125) 小此木啓吾『モラトリアム人間の時代』中公文庫、２０１０年
(126) ダウリング（Colette Dowling）著／柳瀬尚紀訳『シンデレラ・コンプレックス』三笠書房、１９８５年
(127) カイリー（Dan Kiley）著／小此木啓吾訳『ピーターパン・シンドローム―なぜ、彼らは大人になれないのか』祥伝社、

1984年
(128) 三隅二不二『リーダーシップ行動の科学』有斐閣、1984年
(129) コッター (John P. Kotter) 著/梅津祐良訳『企業変革力』日経BP、2002年
(130) ロジャーズ (Carl R. Rogers) 著/保坂亨・末武康弘・諸富祥彦訳『クライエント中心療法』(ロジャーズ主要著作集2) 岩崎学術出版社、2005年
(131) バイステック (Felix P. Biestek) 著/尾崎新・原田和幸・福田俊子訳『ケースワークの原則』誠信書房、2005年
(132) 坂本功『木造建築を見直す』岩波新書、2000年
(133) 和辻哲郎『人間の学としての倫理学』岩波書店、1934年
(134) フランクル (Viktor Emil Frankl) 著/池田香代子訳『夜と霧』みすず書房、2002年
(135) 河合隼雄『日本人とアイデンティティ』講談社α文庫、1995年
(136) ゲーテ Johann Wolfgang von Goethe (https://ja.wikipedia.org/wiki/ヨハン・ヴォルフガング・フォン・ゲーテ)
(137) 世阿弥『風姿花伝・花鏡』たちばな出版、2012年
(138) トルストイ (Lev Nikolayevich Tolstoy) 著/米川正夫訳『クロイツェル・ソナタ』岩波書店、1957年

参考文献

Ackerman, Jennifer（ジェニファー・アッカーマン）／鍛原多恵子訳『からだの一日』早川書房、２００９

Allport, Gordon Willard（ゴードン・オルポート）／豊沢登訳『人間の形成―人格心理学のための基礎的考察』理想社、１９５９

Bandura, Albert（アルバート・バンデューラ）, *Self-efficacy: The Exercise of Control*, New York: W.H. Freeman, 1997

Bergson, Henri-Louis（アンリ＝ルイ・ベルクソン）／杉山直樹訳『物質と記憶』白水社、２０１１

Biestek, Felix P.（フェリックス・バイステック）／尾崎新・原田和幸・福田俊子訳『ケースワークの原則』誠信書房、２００５

Boyatzis, R. E.（ボヤティス）, *The Competent Manager: A Model for Effective Performance*, Willy, 1982

Collins, Jm and Hansen, Morten T.（ジム・コリンズ＆モートン・ハンセン）／牧野洋訳『ビジョナリーカンパニー４』日経ＢＰ社、２０１２

Damasio, Antonio（アントニオ・ダマシオ）／田中三彦訳『デカルトの誤り　情動、理性、人間の脳』ちくま学芸文庫、２０１０

Dowling, Colette（コレット・ダウリング）／柳瀬尚紀訳『シンデレラ・コンプレックス』三笠書房、１９８５

Duhigg, Charles（チャールズ・デュヒッグ）／渡会圭子訳『習慣の力　The Power of Habit』講談社、２０１３

Eagleman, David（デイヴィッド・イーグルマン）／大田直子訳『あなたの脳のはなし』早川書房、２０１９

Erikson, E. H.（エリクソン）／西平直・中島由恵訳『自我同一性―アイデンティティとライフ・サイクル』誠信書房、１９７３

Erikson, E. H.（エリクソン）／村瀬孝雄訳『ライフサイクル、その完結【増補版】』みすず書房、２００１

Evans, Dylan（ディラン・エヴァンズ）／遠藤利彦訳『感情』岩波書店、２００５

Eysenck, H. J.（アイゼンク）／梅津耕作訳『人格の構造―その生物学的基礎』岩崎学術双書、１９７３

Frankl, Viktor Emil（ヴィクトール・フランクル）／池田香代子訳『夜と霧』みすず書房、２００２

Haidt, Jonathan（ジョナサン ハイト）／高橋洋訳『社会はなぜ左と右にわかれるのか―対立を超えるための道徳心理学』紀伊國屋書店、２０１４
Hegel, Georg Wilhelm Friedrich（ヘーゲル）／武市健人訳『哲学史序論』岩波文庫、１９６７
Heidegger, Martin（マルティン・ハイデッガー）, *Being and Time*, Harper San Francisco, 1962
Hurlock, Elizabeth B.（エリザベス・ハーロック）『子どもの発達と育児』誠信書房、１９６８
Husserl, Edmund（フッサール）／立松弘孝訳『現象学の理念』みすず書房、１９６５
Husserl, Edmund（フッサール）／立松弘孝・松井良和訳『論理学研究』みすず書房、１９６８
Husserl, Edmund（フッサール）／佐竹哲雄訳『厳密な学としての哲学』岩波書店、１９６９
Husserl, Edmund（フッサール）／渡辺二郎訳『イデーン　Ⅰ・Ⅱ』みすず書房、１９８４
Husserl, Edmund（フッサール）／長谷川宏訳『経験と判断』河出書房新社、１９８７
Husserl, Edmund（フッサール）／細谷恒夫・木田元訳『ヨーロッパ諸学の危機と超越論的現象学』中公文庫、１９９５
Husserl, Edmund（フッサール）／浜渦辰二訳『デカルト的省察』岩波文庫、２００１
Husserl, Edmund（フッサール）／立松弘孝訳『講義：第一哲学（フッサール・セレクション）』平凡社ライブラリー、２００９
Husserl, Edmund（フッサール）／渡辺二郎・千田義光訳『イデーン　Ⅲ』みすず書房、２０１０
Jung, C. G.（ユング）／林道義訳『タイプ論　PSYCHOLOGISCHE TYPEN』みすず書房、１９８７
Kahneman, Daniel（ダニエル・カーネマン）／村井章子訳『ファースト&スロー』早川書店、２０１２
Kant, Immanuel（カント）／篠田英雄訳『純粋理性批判』岩波書店、１９９４
Kiley, Dan（ダン・カイリー）／小此木啓吾訳『ピーターパン・シンドローム―なぜ、彼らは大人になれないのか』祥伝社、１９８４
Kirkpatrick, Donald L. and Kirkpatrick, James D.（カークパトリック）, *Evaluating Training Programs: The Four Levels* (3rd Edition), Berrett-Koehler Publishers, 2006
Koch, Christof（クリストフ・コッホ）／土谷尚嗣・金井良太訳『意識の探求』岩波書店、２００６
Koch, Karl（カール・コッホ）／岸本寛史・中島ナオミ・宮崎忠男訳『バウムテスト［第３版］　心理的見立ての補助手段としてのバウム画研究』誠信書房、２０１０

Kotter, John P.（ジョン・コッター）／梅津祐良訳『企業変革力』日経ＢＰ、２００２
Kretchmer, E.（クレッチマー）／内村祐之訳『天才の心理学』岩波文庫、１９８２
Libet, Benjamin（ベンジャミン・リベット）／下條信輔訳『マインド・タイム　脳と意識の時間』岩波書店、２００５
Maltz, Maxwell（マクスウェル・モルツ）／小圷弘訳『自分を動かす』知道出版、２０１６
Maslow, Abraham Harold（マズロー）／小口忠彦訳『人間性の心理学―モチベーションとパーソナリティ』産業能率大学出版部、１９８７年
Merleau-Ponty, Maurice（メルロ＝ポンティ）／竹内芳郎・小木貞孝訳『知覚の現象学』みすず書房、１９６７
Mischel, Walter（ウォルター・ミッシェル）『パーソナリティの理論状況主義的アプローチ』誠信書房、１９９２
Ramachandran, Vilayanur Subramanian（ラマチャンドラン）／山下篤子訳『脳の中の幽霊』角川書店、２０１１
Reiss, Steven（スティーブン・リース）／宮田攝子訳『本当に欲しいものを知りなさい：究極の自分探しができる16の欲求プロフィール』ＫＡＤＯＫＡＷＡ、２００６
Restak, Richard（リチャード・レスタック）／高橋則明訳『はだかの脳』株式会社アスペクト、２００７
Rogers, Carl R.（カール・ロジャーズ）／保坂亨・末武康弘・諸富祥彦訳『クライエント中心療法』ロジャーズ主要著作集2、岩崎学術出版社、２００５
Russell, Bertrand Arthur William（バートランド・ラッセル）／市井三郎訳『西洋哲学史』みすず書房、１９７５
Sapolsky, Robert M.（ロバート・サポルスキー）／大田直子訳『善と悪の生物学』ＮＨＫ出版、２０２３
Sartre, Jean Paul（サルトル）／伊吹武彦・海老坂武・石崎晴己訳『実存主義とは何か』人文書院、１９９６
Selye, Hans（セリア）／細谷東一郎訳『生命とストレス』工作舎、１９９７
Spencer, L. M., and Spencer, S. M., *Competence at Work: Models for Superior Performance*, Willy, 1993
Spencer, Lyle, Jr. et al.（ライル・スペンサーら）／梅津祐良訳『コンピテンシー・マネジメントの展開』生産性出版、２０１１
Spranger, E.（シュプランガー）『世界教育学選集（19）　文化と性格の諸類型』明治図書出版、１９６１
Tolstoy, Lev Nikolayevich（トルストイ）／米川正夫訳『クロイツェル・ソナタ』岩波書店、１９５７
Wehrenberg, Margaret and Prinz, Steven M.（マーガレット・ヴェーレンバーク＆ステーブン・プリンツ）／福井至・貝谷久宣監訳『不安な脳』日本評論社、２０１２

Wehrenberg, Margaret and Prinz, Steven（マーガレット・ヴェーレンバーグ&スティーブン・プリンツ）『不安な脳』日本評論社、2012
Wiseman, Richard（リチャード・ワイズマン）／矢羽野薫訳『運のいい人の法則』角川文庫、2011
Zaltman, Gerald（ジェラルド・ザルトマン）／藤川佳則・阿久津聡訳『心脳マーケティング』ダイヤモンド社、2005

阿部仁・新見有紀子・星洋「グローバル環境で育む4つの力―留学前後における派遣学生のコンピテンシー変化について」『一橋大学国際教育センター紀要』2018年所収
池谷裕二『脳には妙なクセがある』新潮文庫、2018年
池谷雄二『進化しすぎた脳』朝日出版社、2004年
石浦章一『遺伝子の謎と秘められた暗号』ぱる出版、2007年
井原康夫『脳はどこまでわかったか』朝日新聞社、2005年
井村直恵「日本におけるコンピテンシー：モデリングと運用」京都産業大学マネジメント研究会、2005年
岩崎一郎『何をやっても続かないのは、脳がダメな自分を記憶しているからだ』クロスメディア・パブリッシング、2013年
小此木啓吾『モラトリアム人間の時代』中公文庫、2010年
金井良太『脳に刻まれたモラルの起源』岩波科学ライブラリー、2013年
河合隼雄『日本人とアイデンティティ』講談社α文庫、1995年
岸田一隆『科学コミュニケーション』平凡社、2011年
小林秀雄『小林秀雄全作品〈1〉様々なる意匠』新潮社、2002年
坂上貴之・井上雅彦『行動分析学』有斐閣、2018年
坂本功『木造建築を見直す』岩波新書、2000年
篠原菊紀『勉強にハマる脳の作り方』フォレスト出版、2009年
世阿弥『風姿花伝・花鏡』たちばな出版、2012年
詫摩武俊『パーソナリティの理論　状況主義的アプローチ』誠信書房、1992年
田中和秀『ビジネス脳を鍛える8つの行動習慣』三和書房、2010年

新見有紀子・阿部仁・星洋「派遣留学経験とグローバル人材育成―JAOS留学アセスメントテストを用いた考察―」『一橋大学国際教育センター紀要』２０１９年所収
藤田徳人『思い通りに性格を変える「脳」科学』講談社ニューハードカバー、２００３年
三木清『三木清全集（第8巻）構想力の論理』岩波書店、１９８５年
三隅二不二『リーダーシップ行動の科学』有斐閣、１９８４年
村上宣寛・村上千恵子『主要5因子性格検査ハンドブック　三訂版：性格測定の基礎から主要5因子の世界へ』筑摩書房、２０１７年
守一雄『現代心理学入門〈1〉認知心理学』岩波書店、１９９５年
若林明雄「パーソナリティ研究における〝人間―状況論争〟の動向」日本心理学会編集委員会『心理学研究』日本心理学会、１９９３年
渡邊芳之・佐藤達哉「パーソナリティの一貫性をめぐる〝視点〟と〝時間〟の問題」『心理学評論』36、心理学評論刊行会、１９９３年
和辻哲郎『人間の学としての倫理学』岩波書店、１９３４年

人　名

索　引

事　項

著者紹介

星　　洋（ほし・ひろし）

北海道大学哲学科
Western Michigan University（MA）

行動特性研究所創設。行動特性の研究及び行動特性診断テストやJAOS留学アセスメントテストを開発し大学や企業で能力開発を講義。

行動特性とは

2024年7月7日第1版第1刷発行　　検印省略

著　者――星　　洋

発行者――前野　隆

発行所――株式会社 文眞堂
〒162-0041 東京都新宿区早稲田鶴巻町533
TEL：03（3202）8480 / FAX：03（3203）2638
URL：http://www.bunshin-do.co.jp/
振替 00120-2-96437

製作……モリモト印刷

ISBN978-4-8309-5265-4　C3034
定価はカバー裏に表示してあります